일제강점기 지방의회 회의록 번역·해제집 4

1930년대 경기·함경 편

동국대학교 대외교류연구원 · 인간과미래연구소 번역해제집 014

일제강점기 지방의회 회의록 번역 · 해제집 4
1930년대 경기·함경 편

초판 1쇄 발행   2024년 3월 31일

편역자 | 방광석
펴낸이 | 윤관백
펴낸곳 | 선인

등 록 | 제5-77호(1998.11.4)
주 소 | 서울시 양천구 남부순환로 48길 1
전 화 | 02) 718-6252 / 6257
팩 스 | 02) 718-6253
E-mail | sunin72@chol.com

정가   21,000원
ISBN   979-11-6068-799-6   94910
ISBN   979-11-6068-795-8   (세트)

이 저서는 2017년 대한민국 교육부와 한국학중앙연구원(한국학진흥사업단)을
통해 한국학 분야 토대연구지원사업의 지원을 받아 수행된 연구임
(AKS-2017-KFR-1230007).

동국대학교 대외교류연구원
인간과미래연구소 번역해제집 014

일제강점기 지방의회 회의록 번역·해제집 4

1930년대 경기·함경 편

방 광 석 편역

 선인

▌ 발간사 ▐

이 책은 동국대학교 대외교류연구원이 한국학중앙연구원의 지원을 받아 2017년 9월부터 2020년 8월까지 진행한 〈일제강점기 '지방의회 회의록'의 수집·번역·해제·DB화〉 사업의 결과물을 간행한 것이다.

우리나라에서 지방자치제도가 본격적으로 도입된 것은 1948년 대한민국 헌법에서 지방자치를 명시하고, 이듬해인 1949년 최초의 「지방자치법」이 제정되면서부터였다. 그러나 6·25전쟁의 발발로 1952년에 와서 비로소 최초의 지방의회가 구성되었다. 이후 1960년 4·19혁명과 함께 제2공화국이 수립되면서 장면 정부(1960~1961년)는 「지방자치법」을 개정하여 지방자치제를 실시하였으나, 1961년 군사 쿠데타로 집권한 박정희 군사정부는 지방의회를 해산하고 「지방자치에 관한 임시조치법」을 제정하여 「지방자치법」의 효력을 정지시켰다. 1972년 유신헌법은 지방의회의 구성을 조국의 통일 때까지 유예한다는 부칙 규정을 두었고, 1980년 헌법도 지방의회의 구성을 지방 자치 단체의 재정자립도를 감안하여 순차적으로 하되, 그 구성 시기는 법률로 정한다는 부칙조항을 두었다. 그러다 1987년 6월 항쟁으로 개헌이 이루어지면서 1987년 헌법에서야 비로소 지방의회의 구성에 관한 유예 규정이 삭제되었고, 1988년에는 「지방자치법」이 전면 개정되었다. 이에 따라 1991년 상반기 각급 지방의회가 구성되었고, 1995년 광역 및 기초단체장과 광역 및 기초의회 의원선거를 실시하게 되었다.

그러나 우리나라에 지방자치의 전신제도가 싹트기 시작한 것은 1895년 「향회조규」 및 「향약판무규정」이 시행되면서부터라고 할 수 있다. 이 조규와 규정은 지방 공공사무를 처리할 때 주민의 참정권·발언권을 인정한 획기적인 것이었으나, 1910년 이후 모두 소멸되었다.

근대적 의미의 지방자치제도가 불완전하나마 실시된 것은 일제가 식민지정책의 일환으로 1913년 10월에 제령(制令) 제7호로 부에 「부제(府制)」를, 제령 제8호로 재한 일본인의 교육을 위한 「학교조합령」을 제정하고, 1917년에 제령 제1호로서 「면제(面制)」를 공포·시행하면서부터였다. 또한 일제는 1920년 제령 제15호로 「도지방비령(道地方費令)」, 제령 제14호로 「학교비령(學校費令)」을 제정·시행하였는데, 학교조합을 제외하고 의회는 없었고, 자문기관만이 있었으나, 그 심의사항도 극히 제한되었다.

그 후 1931년 「부제」·「읍면제」·「학교비령」의 개정 및 「학교조합령」의 개정이 있었고, 「도제(道制)」 등이 제령 제13호 내지 제15호로 공포되어 「부제」와 「읍면제」는 1931년 4월부터, 「도제」는 1933년 4월부터 시행되었다.

도·부·읍의 조직은 의결기관과 집행기관으로 구분되었는데, 의결기관으로는 도회(道會)·부회(府會)·읍회가 있었고, 그 의장은 각각 도지사·부윤(府尹)·읍장이 맡았다. 의결기관이라고는 하나 자문기관의 지위를 겨우 면한 정도였고, 권한도 도정 전반이 아니라 법령에 열거된 사항에 한정되었다.

식민지 시기에 실시된 '지방의원'의 선거는 일정액 이상의 세금을 납부한 자에 대해서만 투표권을 부여하였기에 그 요건을 충족하는 부유층, 일본인, 지역 유지만 참가할 수 있는 불공평한 선거였다. 그나마 식민지 시기의 종식과 함께 일제 강점기의 지방의회제도는 역사에서 삭제되었고, 국민으로부터도 외면당하였다. 일제에 의하여 도입·시행된 지방의회제도에 어떤 식으로든 참여하였다는 것은 일제 통치에 '협력'하였음을 의미할 수 있으므로, 드러낼 수 없는 수치스러운 과거로 인식되었기 때문이다. 이로 인하여 상당 기간 이 분야의 연구는 진척되지 못하였고, 역사의 공백기로 방치되어 있었다.

그러나 식민지기 '지방의회' 연구는 다음과 같은 이유로 볼 때 학문적 가치가 높다 할 것이다. 첫째, 일제 강점기 지방의회에 참여한 '지역 엘리트'는 해방 후에도 지방의회에 참여하여 일제 시대의 지방의회제도를 상당 부분 계승하였기에, 일제 강점기 지방의회 제도의 연구는 해방 전후 지역사를 탐색하기 위한 필수적인 작업이 될 수밖에 없다. 둘째, 일제 시대의 '지방의회'는 '식민지적 근대'가 집약되고 농축되어 있는 대표적 영역 중의 하나다. 전근대부터 형성된 사회관계의 동태적인 지속과, 근대의 불균등성 및 모순과 대립이 고스란히 '지방의회'를 둘러싼 지방 정치에 녹아있기 때문이다. 셋째, 회의록에 담긴 내용은 그 시기 그 지역 주민들의 삶을 고스란히 보여주고 있다는 점에서 일제 강점기 '민초'들의 일상을 엿볼 수 있는 귀중한 자료가 된다.

특히 지방의회 회의록은 지방행정 실태와 지역 권력 구조의 실상을 밝히는 데 필수적 자료라고 할 수 있다. 지방의회는 그 지역의 산업·경제, 문화, 환경, 관습, 제도, 지역민의 욕구, 취향 등 지역민의 생활과 직결된 다양한 영역이 총체적으로 동원된 네트워크였다. 지방의회는 그 지역의 역사적 고유성과 차별성이 빚어낸 집단적 사고방식, 생활습관 등에 따라 매우 다양하게 운영되었는데, 지역의 역동성을 가장 실체적으로 드러내는 자료는 지방의회 회의록이다. 그럼에도 불구하고 그동안 이 귀중한 문헌이 제대로 활용되지 못한 이유는, 회의록이 국가기록원의 방대한 자료 속에 산재해있어 접근이 용이하지 못했기 때문이다.

본 연구팀은 이에 착안하여 국가기록원 문서군에 흩어져있는 지방 의회 회의록 약 5천 건을 추출하여 연도별, 지역별, 행정단위별 등 여러 범주에 따라 분류 가능하도록 체계화하였다. 그리고 회의에서 다룬 의안과 회의 참석 의원, 결석 의원, 참여직원, 서명자, 키워드 등을 DB화하였다. 또한 회의록 중 지역사회에 파장을 가져오거나 이슈가 되었던 사안과, 그 지역의 장소성을 잘 보여주는 회의록, 일제의 지방 정책의 특성이 잘 나타나는 회의록 등을 선별하여 번역·해제하였다. 이로써 기존 연구에서 부분적으로 활용되던 지방의회 회의록을 종합하여, 지역의 정치·경제·문화·사회운동·일상 등 모든 분야에 걸친 식민지 사회 연구의 토대 조성에 일조하고자 하였다.

연구대상의 시기는 일제 통치방식의 변화가 지방의회에 미친 영향을 고려하여 1920년대(1기), 1930~1937년 중일전쟁 이전까지(2기), 1937~1945년 해방까지(3기)의 기간으로 구분하였다. 1시기는 1920년 부제와 면제시행규칙 등 지방제도가 개정된 후 도평의회가 설치되고 부협의회와 면협의회 선거를 실시하기 시작한 시기이다. 2시기는 1930년 개정된 지방제도로 도평의회가 도회로 개정되고 부회와 읍회가 자문기관이 아닌 의결기관이 된 시기이다. 3시기는 중일전쟁 이후 사회 각 전반에서 통제정책이 시행되고 지역 사회의 공론장이 위축되며 지방 참정권이 극도로 제한된 시기를 포괄한다. 총 9권으로 이루어진 이 총서의 1~3권은 1시기에 해당하며, 4~6권은 2시기, 7~9권은 3시기에 해당한다.

이 총서는 연구팀이 수행한 번역과 해제를 선별하여 경기·함경, 강원·경상·황해, 전라·충청·평안 등 지역별로 나누어 각 권을 배치하였다. 물론 방대한 회의록 중 이 총서가 포괄하는 분량은 매우 적다 할 수 있다. 그러나 가능한 도·부·읍·면 등 행정단위와 지리적·산업적 특성, 민족적·계층별 분포에 따라 다양한 범주를 설정하여 회의록의 선택과 집중에 힘썼기에, 각 도와 도 사이의 비교나 도의 하위에 포괄되는 여러 행정단위의 공통점과 차이점을 간파하는 데 도움이 될 것으로 기대한다. 특히 지역의 다층적 구조 속에서 '근대적'이고 '식민주의적'인 요소가 동시대에 어떻게 병존하는지, 그 관계성의 양상이 지역의 역사지리적 특성에 따라 어떻게 다르게 전승되는지를 파악하는 데 도움이 될 것이라 생각한다. 총서뿐 아니라 지방의회 회의록을 체계적으로 분류하고 집대성한 성과는 앞으로 식민지시기에 대해 보다 폭넓고 심도깊은 연구를 추동할 수 있으리라 믿는다.

이 총서가 간행되기까지 많은 분들이 도움을 주셨다. 먼저 지방의회 회의록 번역과 해제 작업이 전면적으로 이루어질 수 있도록 연구비를 지원해준 한국학중앙연구원과, 연구팀을 항상 격려해주신 동국대학교 전 대외교류연구원 고재석 원장님과 현 박명호 원장님께 감사드린다. 연구팀의 출발이 가능하도록 지원해주신 하원호 부원장님께 특히 감사의 마음을 전하고 싶다. 그리고 연구의 방향성 설정과 자료의 선택에 아낌없는 자문을 해주신 국민대학교 김동명 교수님, 동아대학교 전성현 교수님, 공주교육대학교 최병택 교수님께 감사드린다. 또한 연구팀의 원활한 운영을 위해 최선을 다해주신 국사편찬위원회 박광명 박사님과 독립운동사연구소 김항기 박사님, 그리고 동북아역사재단 박정애 박사님께도 감사드린다. 시장성이 적음에도 흔쾌히 출판에 응해주신 선인출판사 여러분께도 감사드리고 싶다. 끝으로 지리한 작업을 묵묵히 진행한 총서 간행위원회에 몸담은 모든 연구자 여러분께 우정의 마음을 전한다.

2024년 3월
연구책임자 동국대학교 조성혜

┃ 머리말 ┃

　본서는 「일제강점기 '지방의회 회의록'의 수집·번역·해제·DB화」 공동연구의 일환으로 1930년대 경기도와 함경도 지역의 도회, 부회(府會)와 면회(面會) 회의록 가운데 일부분을 번역, 해제한 것이다.

　조선총독부가 1920년대 초 '문화통치'를 내세우며 설치하여 운영해 온 '지방자치' 제도는 1930년을 전후해 바뀌게 되었다. 1929년 재임되어 부임한 사이토 마코토(齋藤實) 총독은 기존의 면제를 개정해 읍·면제를 실시하였다. 부와 읍에서는 종래의 자문기관인 협의회를 의결기관인 부회와 읍회로 바꾸고 보통면에서는 이전과 같은 면협의회를 선거로 구성하기로 하였다. 1931년 시행된 읍·면제에서는 지정면을 읍으로, 보통면은 면으로 바꾸었고 읍회와 면협의회 모두 선거를 통해 구성하되 읍회에는 의결권을 부여하고 면협의회는 자문기관으로 유지했다. 1920년대에는 지정면과 보통면의 협의회에 큰 차이가 없었지만 읍·면제에서는 읍회와 면회 사이에 큰 차이가 보이게 되었다. 개정된 '지방의회'는 1931년 5월 선거를 통해 새롭게 부회, 읍회, 면협의회를 구성했다.

　한편 지방행정의 최고기관인 각 도(道)에는 1920년 광역의회로 도평의회가 구성되어 운영되었는데 이것도 1930년대에 들어 의결기관인 도회(道會)로 바뀌게 되었다. 그러나 최고 지방행정기관인 도에 대한 법 시행은 곧바로 시행하지 않고 읍, 면, 부회의 운영을 지켜보고 적당한 시기에 실시하기로 하였다. 조선총독부는 조선인 의원이 다수를 차지하는 도회가 의결기관이 될 경우 안정된 운영이 가능할 지 확신할 수 없었기 때문으로 보인다. 결국 도제(道制)는 1933년 2월 1일 공포되어 1933년 4월부터 시행되었고 도평의회는 도회를 새롭게 구성되었다.

본서에서는 읍·면제가 실시된 이후의 도회와 부회, 읍회, 면협의회를 대상으로 하지만 1937년 중일전쟁을 기점으로 전시체제로 전환되므로 그 이전인 1931년부터 1936년까지의 지방의회 회의록을 정리해 그 일부에 대해 해제하고 그 내용을 번역하여 수록하였다.

도회 가운데에서는 경기도회와 함경남도회 회의록을 하나씩 정리해 수록했다. 국가기록원에 소장된 자료에는 도회에 관한 기록은 상대적으로 적고 내용도 소략한 것이 많다. 부회 중에서는 경성부, 인천부, 개성부, 함흥부, 청진부회의 회의록의 일부를 정리, 수록하였고 읍회 중에서는 수원읍, 흥남읍, 회령읍, 웅기읍, 혜산읍 회의록의 일부를, 면협의회에서는 나남면의 의사록을 정리해 수록했다. 이밖에 원산부, 나진읍, 성진읍, 혜산읍, 보혜면 등 함경도 다른 지역의 회의록도 남아있으나 이번 자료집에는 싣지 못했다.

본서의 대상이 된 국가기록원 소장 지방의회 회의록은 지역 행정에 관한 보고 서류의 첨부자료로 수록된 것이 많고 그 형태도 일률적이지 않다. 속기록을 바탕으로 회의 내용을 그대로 전하는 회의록 가운데는 1회에 수십 쪽 이상에 달하는 방대한 분량의 회의록이 있는 반면에 회의 일부 내용만을 극히 간략하게 기록한 발췌본이나 특정 의안에 대한 논의 사항만을 기록한 것도 있다. 그리고 문서별로 필요에 따라 각기 회의록을 첨부했기 때문에 날짜별 회의록의 순서가 바뀌거나 중복 수록된 회의록도 많다.

본서에서는 도회와 부회, 읍 면회로 대별하고 지역별로 나누어 날짜순으로 회의록을 배치하여 회의록의 서지정보와 자료적 성격을 중심으로 해제하고 회의록 내용을 번역하였다. 회의록의 분량이 적을 경우는 완역하였으나 회의록 전문을 그대로 번역하기에는 분량이 방대할 경우에는 편의적으로 발췌, 축약하였다.

최근 일제강점기 지역정치와 관련해 도회, 부회, 읍회, 면협의회 등 지방의회와 관련된 연구가 많이 진전되고 있으나 주로 신문기사 등을 이용한 연구가 많고 지방의회 회의록을 실제 활용한 연구는 적다. 국가기록원에 소장된 지방행정 자료의 분량이 방대하고 그 가운데 지방의회 회의록의 정리, 번역이 이루어지지 않았기 때문으로 보인다. 지방의회 회의록에서는 총독부의 지배정책은 물론 지역정치, 도시사, 사회사, 경제사 등과 관련되는 내용을 많이 다루고 있다. 이 번역·해제집의 출간이 일제강점기 지역사 연구를 심화시키는 하나의 계기가 되기를 기대한다.

▌목차 ▌

Ⅲ. 읍·면회 회의록

I
도회 회의록

1. 경기도회 회의록

1) 1933년 6월 7일 제1회 경기도회 회의록

항 목	내 용
문 서 제 목	第1回 京畿道會會議錄 拔萃
회 의 일	19330607
의 장	
출 석 의 원	1번 趙斌行 외 39명
결 석 의 원	32번 石原磯次郎 외 1명
참 여 직 원	
회 의 書 記	
회 의 서 명 자 (검 수 자)	
의 안	의안 3, 4, 5, 6, 11, 12호
문 서 번 호 (I D)	CJA0002949
철 명	도기채계속비의무부담소방비권리포기관계서류
건 명	경성공립농업학교이전비기채의건(경기도)(회의록첨부)
면 수	5
회의록시작페이지	511
회의록끝페이지	515
설 명 문	국가기록원 소장 '도기채계속비의무부담소방비권리포기관계서류'철의 '경성공립농업학교이전비기채의건(경기도)(회의록첨부)'에 포함된 1933년 6월 7일 제1회 경기도회 회의록

해 제

　본 회의록(총 5면)은 국가기록원 소장 '도기채계속비의무부담소방비권리포기관계서류'철의 '경성공립농업학교이전비기채의건(경기도)(회의록첨부)'에 포함된 1933년 6월 7일 제1회 경기도회 회의록이다.

이 경기도회는 지방자치제가 시행된 이후 최초의 경기도 의회로 6월 7일 오전 9시 25분 개회하여 출석의원 40명이 먼저 의석을 추첨으로 결정하고 마쓰모토(松本) 의장이 당선된 도회 의원에게 축사를 하고 무기명으로 부의장을 선거한 결과 한상룡(韓相龍)이 당선되었다. 이어서 제1호 의안 「경기도 도회의 규칙 설정의 건」을 상정하여 제1독회를 마치고 제2독회에 들어가기 전에 10시 45분부터 휴게하였다. 이후 회의를 재개하여 곤도(近藤) 의원의 동의로 제1호 의안의 제2, 제3독회를 생략하고 가결하였고 제2호 의안도 설명의 필요도 없이 독회를 생략 만장일치로 가결하였다. 계속해 제3호 의안부터 제6호 의안 및 추가 의안인 경성중학교 화재 복구 추가예산을 일괄 상정하여 2~3 차례 질의응답을 한 뒤 2독회 이하를 생략하고 만장일치로 가결하였다. 이후 제7호 의안부터 제10호 의안도 전부 만장일치로 가결 확정하였고 오후 0시 10분 일정을 종료하고 중정(中庭)에서 기념촬영을 한 뒤 산회하였다.[1]

경기도회 의원은 정원 42명으로 관선의원 14명, 민선의원 28명으로 구성되었다. 관선의원은 일본인이 8명, 조선인이 6명이었고 1933년 5월 10일 실시된 민선의원 선거 결과 조선인이 29명, 일본인이 5명 당선되었다. 따라서 관선과 민선을 합친 총 42명의 가운데 조선인 의원은 29명, 일본인 의원은 13명이 되었다.[2]

이 회의에서는 경성공립농림학교 이전, 경성공립중학교 건축비, 도채의 상환, 농량자금 증에 대한 논의와 결정이 이루어졌다.

---

[1] 『매일신보』 1933.6.8, 4면.
[2] 경기도회 구성과 회의 내용에 관해서는 김동명, 『지배와 협력-일본제국주의와 식민지 조선에서의 정치참여』, 역사공간, 2018, 제2부 제4장 참조.

이번 경기도회의 회의 모습에 관해『경성일보』는 다음과 같이 전하고 있다.

"(이번 도회는) 권한으로 말하자면 자문기관에서 결의기관으로 비약한 것이므로 큰 변혁이지만 표면적으로는 회의장 풍경에 그 정도 변화는 보이지 않는다. 도청의 고관인 참여원에도 또 도회 의원에도 새로운 얼굴이 늘어났기 때문에 서로 친숙해지지 않아서인지 매우 얌전하다. 부회의 웅변가인 조병상(曺秉相), 곤도 아키지로(近藤秋次郎), 하마다 도라쿠마(濱田虎熊) 씨는 변함없이 말을 잘한다. 도평의회 시절의 맹장 한만희(韓萬熙) 씨는 병을 치렀기 때문인지 한마디도 하지 않고 핼쑥해진 얼굴로 새하얀 한복을 걸치고 있어 이채롭다. 본부(本府)의 니시오카(西岡) 지방과장은 참여원석 옆에서 열심히 의사 진행을 주시하며 감독 관청의 업무를 보았다. 통역을 필요로 하는 의원이 두 명으로 이전보다 감소했다."[3]

내 용

지사 : 개회합니다.(오전 9시 35분)

(중략-원문)[4]

의장 : 지금부터 회의를 개최합니다.

　의안을 배부하겠습니다.

(서기 의안을 배부함)

(중략)

---

[3] 『京城日報』 1933.6.8, 2면.
[4] 이하 별도 표시가 없는 생략 부분은 원문의 생략 표기임.

의장 : (전략) 이어서 의안 제3, 제4, 제5, 제6, 제11, 제12호를 일괄해 의제로 제공합니다.

번외(내무부장) : 편의적으로 제가 이 의안의 대체적 내용을 설명하겠습니다.

 (중략) 교육비 가운데 경성공립농업학교의 시설확충에 관해서는 지난번 지사로부터 상세한 이야기가 있었던 대로이며 실습지 전부와 농장부속사(農場府屬舍) 전부의 경비는 4만 2천 원에 달합니다. (중략)

농량(農糧) 대부의 시설은 올해 봄 대부 실적에 따르면 각지 모두 매우 감사하고 있지만 부족을 호소하는 곳도 적지 않다. 우연히 본부(本府)에 있어서도 시설 조성의 필요를 인정해 연 4부의 이자에 상당하는 금액을 보조하는 것을 되었기 때문에 이를 예상하고 나아가 전년도 같은 금액 25만 원으로 약 2만 5천 석의 농량 증가를 꾀할 예정입니다.

제5호 의안 및 제6호 의안은 본 추가예산과 연관되는 것이기 때문에 상호 대조하기 바랍니다.

제11호 및 제12호 의안은 소실된 경성공립중학교 교사 등의 설비에 관한 것으로 철근콘크리트 연와(煉瓦) 병용조로 2층 교사 2동(棟) 563평 외 부속건물을 건축하는 비용 20만 9,777원을 필요로 하는데 화재보험금 14만 원 외에는 기채에 의하려는 것입니다.(후략)

24번(濱田虎熊) : (전략) 이 건축비는 14만 원의 보험금과 도채(道債)로 하기로 되어 있는데 도채는 대분(大分)으로부터 저리로 빌리는 것이 가능하다고 생각합니다. 현재로는 경성부에서는 5부 5리이고 내지의 부현채(府縣債)조차도 5부에서 5부 5리의 저리 시대인데 어째서 6부채에 의하는지 답변을 듣고 싶습니다.

(중략)

번외(지방과장) : 공채 또는 기타 차입 이자에 관해 질문이 있었습니다만 우리들도 가능한 한 싸게 빌리는 것을 희망하고 있습니다. 실제에 있어서는 각 방면을 조사하여 가능한 한 저리로 차입할 생각입니다. 조선의 현 상황에서는 단기라면 모르지만 상당히 장기가 되면 6부 2~3리 이하로는 되기 어려운 것 같습니다. 그리고 본부에 있어서도 상당히 노력을 하고 있으므로 그 점은 당국에 맡겨주기를 바랍니다.

20번(曺秉相) : (전략) 기채의 상환 재원에 관해서도 한 번 설명해주기를 바랍니다.

(중략)

번외(내무부장) : (전략) 도채의 상환 재원에 관해서는 특수 재원을 갖고 있지 않으므로 장래 일반재원에서 나오는 것으로 아시기 바랍니다.

40번(神部正雄) : 제4호 의안에 관해 질문을 하고 싶습니다. 본안은 농학교의 확장비라고 되어 있고 예산서의 비고란을 보면 이전하는 듯이 되어 있는데 과연 이전하게 됩니까. 만일 이전하는 것이라면 어디로 이전하는 것입니까. 나는 현재의 농학교가 있는 곳이 적지가 아니라고 생각하므로 이전에는 찬성하는데 어느 곳으로 이전하는 것입니까. (중략) 이어서 농량자금입니다만 이것은 비상시 농촌에 있어 정말로 훌륭한 시설이지만 농량자금을 각 면에 배당하는 표준을 들고 싶습니다. 춘궁기에 농량 결핍의 농가가 본도(本道) 전체의 농가에 몇 퍼센트에 해당되는가 알고 싶습니다.(후략)

번외(농무과장) : 경성공립농업학교의 현재 위치는 말씀하신 바와 같이 우리들도 적지가 아니라고 생각합니다. 실습지 등은 현재 가장 먼저 불편을 느끼고 있으며 특히 신설 예정인 기숙사는 농장에 세울 필요가 있는데 현재는 모두 불편하여 어쩔 수 없는 상황입니다. 다행이 현재의 토지에 인접한 적당한 토지가 있습니다. 그곳에 실습지를 확장하여 기존에 계획한 기숙사도 그곳으로 옮겨서 건축하고 그 밖의 건물도 이 농장 가운데 건설함으로써 확충을 꾀하기 싶기 때문에 토지 매수를 계획한 것입니다.

번외(지방과장) : (전략) 이어서 농량자금에 관해서 말씀드리면 이것은 각 면에서 농량자금이 부족하다고 인정되는 예상분을 조사해 두었는데 대체로 3만 6,684석 만큼 더 확장하고 싶다는 조사결과가 나왔습니다. 따라서 본도에서는 10만 호를 농량 부족의 호수로 보고 있습니다.(후략)

(중략)

20번(曺秉相) : 제3호 의안으로부터 제12호 의안까지 일괄하여 독회를 생략하고 가결하는 것은 어떠합니까.

('찬성'이라는 소리가 많음)

의장 : 독회 생략, 원안 가결의 동의가 나왔습니다. 여러분 어떻습니까.

('이의 없음'이라는 소리가 많음)

의장 : 이의가 없는 것 같으므로 제3, 제4, 제5, 제6, 제11, 제12호의안은 독회를 생략하고 가결 확정의로 하겠습니다.

(후략)

2. 함경남도회 회의록

1) 1934년 3월 2일 제2회 함경남도 도회 회의록

항 목	내 용
문 서 제 목	第2回 咸鏡南道道會會議錄 拔萃(七日目)
회 의 일	19340302
의 장	무기입
출 석 의 원	무기입
결 석 의 원	무기입
참 여 직 원	무기입
회 의 書 記	
회 의 서 명 자 (검 수 자)	
의 안	제2호~제16호 의안
문 서 번 호 (I D)	CJA0002949
철 명	도기채계속비의무부담소방비권리포기관계서류
건 명	제1차궁민구제사업계속연기및지출방법변경의건(함경남도)(회의록첨부)
면 수	9
회의록시작페이지	1444
회의록끝페이지	1452
설 명 문	국가기록원 소장 '도기채계속비의무부담소방비권리포기관계서류'철의 '제1차궁민구제사업계속연기및지출방법변경의건(함경남도)(회의록첨부)'에 포함된 1934년 3월 2일 제2회 함경남도 도회 회의록

해 제

본 회의록(총 9면)은 국가기록원 소장 '도기채계속비의무부담소방비

권리포기관계서류'철의 '제1차궁민구제사업계속연기및지출방법변경의
건(함경남도)(회의록첨부)'에 포함된 1934년 3월 2일 제2회 함경남도
도회 회의록이다.

이 회의에서는 도세부과규칙 개정과 관련해 지세부가세 과율 및 기
선저예망 어업에 대한 어업세 인상 등 세제 개편에 대한 내용이 다루
어졌다. 특히 총독부의 세제정리에서 개인의 모든 소득을 종합하여
과세하는 개인소득세를 만들어 이를 제3종소득세라고 하고 기존 법인
에 대한 소득세를 제1종소득세라고 한다고 설명하고 있다. 아동장학
비, 빈곤아동구제비, 아동포상장려비에 대한 질의도 있었다.

이 회의록은 국가기록원 소장 자료 가운데 CJA0003011 590-598쪽,
699-707쪽, 814-823쪽, CJA0003012 46-54쪽, 965-973쪽, CJA0003013 168-
176쪽, CJA0003014 735-743쪽에 중복되어 실려 있다.

내 용

제2호~제16호 의안

의장(도지사) : 지금부터 개회합니다.(오전 10시 25분)

오늘은 제2호 의안 이하를 심의하는 것으로 되어 있습니다. 제16호
의안까지는 거의 제1호 의안에 관련되어 있기 때문에 이 상태로 일
괄해서 부의합니다. 도제(道制) 제26조의 규정에 따라 처분한 1933년
도 함경남도 세입세출 추가경정예산 보고 및 도제 시행에 관한 건
제5조 제1항의 규정에 따라 1934년도 함경남도 지방비 일반회계, 특
별회계, 세입세출 결산의 제시는 모두 계신 자리에 인쇄하여 제출
했습니다.

지금부터 제2호 의안부터 제16호 의안에 이르는 제1독회를 개회합
니다.

10번(安重鉉) : 제13호 의안의 도세부과규칙의 개정 이유.

(1) 지세부가세의 과율을 1엔에 대해 80전으로, 단 1934년도는 75전
으로 인상할 것.

(2) 소득세부가세를 제1종소득에 대한 소득세부가세로 고칠 것.

(3) 어업세 가운데 기선저예망(機船底曳網) 어업에 대한 세액을 인
상하는 것의 세 점에 관해 파악하시기 바라며, 이어서 제14호
의안 이유는 도세 부과의 세목에 관련된 사항에 대해 도회의 의
결을 거쳐 관계 부읍면으로 하여금 이를 정하게 하는 내용의 규
정을 설정해야 함에 이르렀으므로 본 도회를 통해 설정한다고
하지만 도제 시행규칙 제51조에는 관계 부읍면으로 하여금 이를
정하게 할 수 있다고 되어 있다.

반드시 도회의 결의를 거쳐 관계 부읍면으로 하여금 이를 정하
게 하는 내용의 규정을 설정해야만 하는 관계를 명시하기 바란
다.

번외(李 재무부장) : 답변 드립니다. 먼저 제13호 의안에 관한 질문에
대해서는 본안 제출의 이유를 일괄해 설명을 드리고 답변에 대신하
고 싶습니다. 본 부과규칙의 개정은 (1)지세부가세의 과율을 1엔에
대해 80전으로, 단 1934년도는 75전으로 인상하는 것, (2)소득세부가
세를 제1종소득에 대한 소득세부가세로 고칠 것, (3)어업세 가운데
기선저예망(機船底曳網) 어업에 대한 세액을 인상하는 것의 세 점
에 관해서입니다. 위 세 점 가운데 (1)과 (2)는 내년도부터 실시되는
본부(本府)의 세제정리에 동반하는 것이고 지금까지는 소득세라고
하면 법인에 대한 소득세만이었고 개인에 대한 소득세는 없었습니

다만 이번의 세제정리에서 개인의 모든 소득을 종합하여 과세하는 개인소득세를 만들어 이를 제3종소득세라고 명칭을 붙임과 아울러 법인에 대한 소득세 즉, 지금까지 단지 소득세라고 말해 온 것을 제1종소득세라고 부르게 되었습니다. 따라서 부가세의 명칭도 당연히 바꾸지 않으면 안 됩니다. 위 제(2)의 소득세를 제1종소득에 대한 소득세로 고치는 것은 이 때문에 필요한 명칭 개정에 불과한 것입니다. 세의 내용에 관해서는 종전과 아무런 바뀐 점이 없습니다.

이어서 지세부가세의 과율은 어째서 인상했는가 말하면 지금 말씀드린 대로 이번의 세제정리에서 제3종소득세를 만들었는데 이와 동시에 지세의 과율을 인하하여 지금까지 지가의 천분의 17이었던 것을 천분의 15로 함과 아울러(단, 1934년도에는 과도적 취급으로 천분의 16으로 합니다) 10전 미만의 소액 지세는 전부 면제합니다. 이 결과 지세액이 감소함에 따라서 지세부가세액도 감소하는 것입니다만 이 지세부가세의 감소는 다른 것으로 보전할 재원이 없기 때문에 지세부가세의 과율을 상당히 인상하기로 한 것입니다. 요컨대 이 과율의 인상은 종래의 총액을 유지하기 위해 인상한 것이고 도민에게는 아무런 새로운 부담을 주는 것은 아닙니다.

또 이에 관해서는 추가로 본부(本府)에서 도제 시행규칙을 개정한다는 것입니다. 이어서 어업세 가운데의 개정은 기선저예망 어업은 상당한 담세력도 갖고 있고 또 다른 어업에 대한 세액에 비해 다소 지나치게 낮은 우려가 있었기 때문에 이번에 상당 정도 인상하기로 한 것입니다.

제14호 의안에 대한 질문에 관해서는 종래에도 호세, 가옥세에 관한 부과등급, 같은 등급별 개수, 기타 세목(細目)은 관계 부읍면으로 하여금 결정하게 해왔는데 도제에 따라 이 일은 도회의 의결을 거쳐야만 하기 때문에 여러분의 의결을 거치기 위해 여기에 새로이 제안한 바입니다. 이유서에 "관계 부읍면으로 하여금 이를 정하게 하는 내용의 규정을 설정해야 하기에 이르렀다"고 적혀 있는 것은 어투가 다소 강한 경향이 있습니다만 도제의 취지는 가능한 관계 부읍면에 위임하여 정하게 하는데 있습니다. 도령(道令)의 형식을 취한 것은 매년 여러분의 의결을 구하는 번거로움을 피하기 위한 것입니다. 위와 같이 알아주시기 바랍니다.

7번(神宮興太郎) : 목탄검사수수료 징수규칙은 도령(道令)입니까?

번외(竹內 지방과장) : 도령입니다.

7번(神宮興太郎) : 목탄검사수수료규칙 가운데 "예산이 정하는 바에 따른다"고 되어 있는데 조문상으로 보아 적당하지 않은 것으로 인정된다. 예산으로 해마다 정해지므로 이는 때때로 정하게 하면 어떠합니까? 다른 예가 있습니까?

번외(竹內 지방과장) : 예산으로 결정해 고시합니다. 이밖에도 예가 있습니다.

7번(神宮興太郎) : 예산이라고 하지 않고 단지 고시에 따른다고 하면 어떻습니까?

번외(竹內 지방과장) : 말씀도 일리가 있지만 도회의 권한을 존중해 예산에 따른 것입니다.

7번(神宮興太郎) : 도령은 도민에 대해 하는 것인데 그렇다면 고시에 따른다고 하는 편이 알기 쉽지 않습니까?

번외(神谷 내무부장) : 이 범위 내에서 예산으로 정해진 것에 따른다고 하는 편이 좋다고 생각합니다.

10번(安重鉉) : 예산 전반에 걸치는 문제인데 제2호 의안부터 제16호 의안까지 큰 관계가 있으나 근래 세입세출 모두 임시, 경상부의 구별이 있는데 임시부 가운데도 거의 경상적인 것도 있다. 특히 기채와 같이 임시부, 경상부 모두 기채가 되고 있는데 그 중에는 다대한 도채(道債)를 만들어 머지않아 도가 그 상환 때문에 힘들어 하는 시대가 올 것이라고 생각한다. 또 자손에게까지 부담을 주게 되는 것은 어떠한가? 그 중에는 부읍면에 전대(轉貸)하는 것처럼 회수 불가능한 것은 없습니까? 상환 불가능한 경우에는 국고에서 보조받을 길이 없습니까?

번외(竹內 지방과장) : 도채에 관해서는 주도면밀한 주의를 하고 상환재원도 상세히 연구하며 또 본부의 감독 아래 기채하는 것이기 때문에 걱정은 없다고 생각합니다. 부읍면에 도가 전대한 것도 상환방법, 재원 등을 충분히 고려해 전대하기 때문에 절대로 회수 불가능한 것은 없으므로 걱정이 없다고 생각합니다.

16번(金相瀅) : 제7호 의안 세출에서 아동장학비, 빈곤아동구제비 750원은 어떠한 방법으로 이루어지는 것인지 알고 싶습니다.

번외(本多 학무과장) : 이는 초등학교 빈곤아동에 대해 학용품, 수업료의 일부를 보조하는 것입니다.

8번(姜英模) : 면에서 기채를 할 필요가 있고 또 능력이 있음에도 불구하고 각 면에서 기채에 의한 사업을 인정하지 않고 면에서 도에 신청하더라도 인가하지 않을 방침입니까? 그렇다고 하면 면의 발달에 지장이 있는데 어떻습니까?

번외(竹內 지방과장) : 읍면에서 기채의 필요가 있어 신청하더라도 영구적 이익이 될 것인지를 고려하고 또 그 읍면의 재정에서 대극적으로 보아 상환재원이 부족한 것은 이를 인정하지 않고 능력이 있고 유리한 기채에 한해 본부에 인가를 신청할 방침입니다.

30번(西田常三郎) : 산업시설의 기채이율이 너무 높은 경향이 있습니다. 저율의 것이 있습니까?

번외(神谷 내무부장) : 가능한 저율의 것을 빌리도록 노력하겠습니다.

20번(金明學) : 제2호 의안의 제3번째 도립 함흥의원 병동개축비자금 기채액 3만 원은 상환방법 별지와 같이 1939년도에 변제하는 것으로 되어 있는데 연장하는 것도 가능합니까?

번외(竹內 지방과장) : 연한 내에 상환할 수 없는 경우는 도회의 결의를 거쳐 연기하는 것으로 되어 있습니다.

20번(金明學) : 제2호 의안의1 기채 160만 원은 6푼 이내로 되어 있습니다. 기채 이율은 6푼 이내로 충분히 빌리는 것이 가능하다고 생각하는데 본 기채는 6푼 4리로 되어 있습니다. 이 보다 싸게 빌릴 수는 없습니까?

번외(稻生 속) : 기채 제1호는 도에서 공채를 발행하고 이율은 6푼 이내로 하고 있습니다. 기채는 모두 가능한 한 저리로 빌리고 싶다고 생각하고 있는데 조선간이생명보험 적립금자금의 차입에 관해서는 동 적립금 대부규정에 정해진 이율에 기초해 빌리는 것으로 되어 있습니다.

20번(金明學) : 이율이 높은 시대의 것은 가능한 싼 이율로 바꾸어 빌리도록 노력해주기 바랍니다.

번외(竹內 지방과장) : 이 점은 가능한 저렴하게 하도록 노력하겠습니다.

도지사 : 참고로 말씀드립니다. 이 자금은 일정한 이율로 보험금으로 운용하도록 되어 있습니다. 따라서 보험사업 자체에 영향을 주는 것이므로 최초 보험사업을 시작할 때의 이율을 내려버리면 보험사업에 지장을 초래하는 관계상 매년 보험사업 자문위원회에 그 운용을 자문하여 평균 5푼이 될지 6푼이 될지 신청의 종류와 성질에 따

라 싸질 수도 비싸질 수도 있습니다. 사회사업을 위한 대부금 등은 싸게 되어 있습니다. 그 해의 경영 형편에 따라 6푼으로 했다 5푼으로 했다 하는 것이므로 이 이율에 관해서는 매년 고시를 하게 되어 있습니다.

8번(강영식) : 제7호 의안 세입세출 아동장학비 부기의 아동포상장려비 이에 관해 실적 및 내용을 알고 싶습니다.

번외(本多 학무과장) : 실적은 나중에 서면으로 알려드리겠습니다. 포상장려비는 빈곤하고 성적이 우려한 아동에 대해 교장의 신청을 바탕으로 교부하는 것입니다.

3번(洪性龍) : 질문도 다 된 것 같으므로 여기에서 제1독회를 마칠 것을 동의합니다.

7번(神宮興太郎) : 제12호 의안 은급(恩給)특별회계수입의 분담금과 세출의 부담금 관계를 알고 싶습니다.

번외(稻生 속) : 대우직원으로 본도에 근무하는 자가 다른 도로 전출했을 때 타도에서 퇴직해 은급연금 재정 시 이쪽에 근무한 연수, 봉급액 등에 따라 이쪽에 분담하게 하는 금액이 즉, 부담금이고 이와 반대로 타도에서 본도로 전입 퇴직했을 경우 그 도에 은급액을 분담시키는 것은 분담금입니다.

7번(神宮興太郎) : 일반회계 이월금에 대해 알고 싶습니다.

번외(稻生 속) : 은급경제는 특별경제이므로 은급지출에 있어 수입부족인 경우에 일반회계 예산으로부터 이월하는 것입니다.

의장(도지사) : 제2호 의안부터 제16호 의안까지 제1독회를 마치자는 동의가 3번 의원으로부터 있었습니다. 어떻습니까?

(찬성, 찬성)

의장(도지사) : 그러면 이의가 없는 것으로 보고 제2독회를 개회합니다.

20번(西田常三郎) : 제2독회부터 곧바로 제3독회로 옮길 것을 동의합
　니다.

의장(도지사) : 30번 의원으로부터 별도로 수정의견도 없으므로 제3독
　회로 옮기자는 동의가 있었습니다. 자문합니다.

(찬성, 찬성)

의장(도지사) : 그러면 의견이 없는 것으로 보고 제2호 의안부터 제16
　호 의안에 걸쳐 일괄해 제3독회로 옮깁니다.

의장(도지사) : 이의가 없으시면 독회를 생략하고 확정하려고 생각합
　니다. 찬성하시는 분은 기립해주기 바랍니다.

(전원 기립)

　모두 이의가 없다고 인정하고 이로써 제2호부터 제16호 의안에 걸
　친 의안 전부를 가결 확정합니다.

　잠시 휴게합니다.(오후 1시 5분)

Ⅱ
부회 회의록

1. 경성부회 회의록

1) 1931년 9월 2일 경성부회 회의록

항 목	내 용
문 서 제 목	京城府會會議錄 拔萃
회 의 일	19310902
의 장	安藤架娑一(부윤)
출 석 의 원	茅野留藏 외 44명
결 석 의 원	森井與一郎 외 2명
참 여 직 원	前田茂助(조선총독부 이사관) 외 7명
회 의 書 記	
회 의 서 명 자 (검 수 자)	
의 안	의안제15호
문 서 번 호(ID)	CJA0002855
철 명	경성부관계서류철
건 명	경성부수도부외급수조례중개정의건(회의록첨부)
면 수	1
회의록시작페이지	1105
회의록끝페이지	1105
설 명 문	국가기록원 소장 '경성부관계서류'철의 '경성부수도부외급수조례중개정의건(회의록첨부)'에 포함된 1931년 9월 2일 경성부회 회의록

해 제

본 회의록(총 1면)은 국가기록원 소장 '경성부관계서류'철의 '경성부수도부외급수조례중개정의건(회의록첨부)'에 포함된 1931년 9월 2일 경성부회 회의록이다. 이번 경성부회에 대해 『매일신보』는 다음과 같이 보도하고 있다.

경성부는 예정대로 2일 오후 2시부터 부청회의실에서 열렸다. 지난달 8일 많은 우여곡절이 있는 가운데 부회의 통과를 본 경성전기 가스사업 부영문제에 대한 구체적 준비에 착수할 준비위원회 조직안을 부의하였다. 출석의원 45명으로 정각에 개회.

▲소가(曾我) : 본안을 급시안으로 개회 직전에 이를 발표하여 의원으로 하여금 조사연구를 할 여유를 주지 않는 것은 어떠한 흑막이 있지 아니한가.

▲안도(安藤) 부윤 : 예산관계에 반하는 안이므로 급시안 한 것이다.

야마나카(山中) 의원이 동안 제출에 대한 법규상의 근거에 대하여 질문이 있은 후,

▲오무라(大村) : 먼저 부윤으로부터 부영에 관한 의향을 듣자.

▲안도 부윤 : 부당국으로서는 이미 부회를 통과한 안인 만큼 부의를 존중하여 그 목적을 달성하기 위하여 동안을 제출한 것이다. 만일 공영에 있어서 부민에 불이익한 점이 있다면 공영을 단행할 필요는 없다고 생각한다.

▲오무라 : 이 안은 이름이 다를지언정 부영조사회 설치가 아니냐. 본안을 제출하기 전에 먼저 부영 단행안을 부 이사자로서 제출하고 그 후 준비에 착수함이 합리적이 아닌가.

▲안도 부윤 : 감독관청의 허가 여부 문제는 별문제이다. 부로서는 회의를 존중하여 준비를 하여 나갈 뿐이다.

▲김사연(金思演) : 지난달 8일에 통과된 부영단행안은 아직 감독관청에 공식으로 전달치 아니한 모양이니 왜 주저하고 있는가.

▲안도 부윤 : 중대한 문제인만큼 신중 고려중이다.

▲야마나카 : 부영은 가장 급하다는 이유로 부영 단행안을 가결해 놓고 아직까지 신속한 수단을 취하지 아니함은 무슨 이유인가. 부영은 이미 결정되었다. 지금에 그 준비 수단의 하나인 동안(同案)을 제출하는 것은 부회를 무시함이 아닌가?

동안 제출에 대한 불합리함을 적발하고,

▲다나카(田中) : 제안 이유가 불분명한 안은 부윤이 이를 철회하고 먼저 공영안을 제출한 후 이 안을 제출하라. 준비위원회에서 부영이 불가하다 할 때에는 어떻게 할 것인가. 즉단파에서도 동안에는 찬성치 아니할 것 같다.

장내의 공기가 점차 험악해지며 의장 휴게를 선언하니 때는 오후 3시 5분. 21분에 재개하여 드디어 동안은 위원회로 넘기기로 하고 그 다음,

1. 부회급수에 관한 건.

1. 부외급수조례 중 개정의 건.

1. 부회에서 부윤에 위임한 사항에 관한 건.

몇몇 의원의 질문이 있은 후 가결. 오후 5시 폐회하다.[5]

본 회의록의 첨부자료에 따르면 의안제15호는 '경성부수도 부외급수조례를 별지와 같이 개정한다'는 것이고 그 이유는 '조선지방제도 개정에 따른 필요에 의함'이라고 되어 있다. 별지의 내용은 경성부수도부외급수조례의 제1조 '부협의회에 자문하여'를 '부회의 의결을 거쳐'로 고친다는 것이다. 자료의 저본은 회의록 발췌본이므로 내용이

---

[5] 『每日申報』 1931.9.4, 2면 기사 「電氣府營調査에 對한 委員會設置可決 갑론을박으로 공긔 긴장리에 二日의 府會經過」를 현대어로 옮김.

소략하다.

내 용

의장(부윤) : 이어서 제15호

　　　　　　의안제15호

('독회생략', '이의 없음'이라고 말하는 자 있음)

20번(波多江) : 이전에도 급수 문제가 있어서 규칙을 개정해둔 상태였
　는데 매우 묘한 것을 해둔 것이네요.(웃음 소리)

('독회 생략 찬성'이라고 말하는 자 있음)

의장(부윤) : 이의가 없는 것 같으므로 독회를 생략하고 확정합니다.
(이하 생략-원문)

2) 1932년 3월 16일 경성부회 회의록

항 목	내 용
문 서 제 목	京城府會會議錄
회 의 일	19320316
의 장	井上淸(부윤)
출 석 의 원	茅野留藏(1번), 石原憲一(2번), 中村郁一(3번), 藤田爲與(4번), 梁在昶(5번), 肥塚正太(6번), 山中大吉(7번), 朴疇明(8번), 森安敏暢(9번), 森秀雄(10번), 寶諸彌七(11번), 曾我勉(12번), 杉市郎平(13번), 森井與一郎(15번), 秋山督次(16번), 金錫晋(17번), 洪必求(19번), 塚崎兼作(21번), 增田三穗(23번), 曹秉相(24번), 濱田虎熊(25번), 李弘鍾(26번), 朴準鎬(27번), 李升雨(28번), 菅總治(29번).波多江千代藏(30번), 近藤秋次郎(31번), 藤村忠助(32번), 劉承復(33번), 吳斑煥(34번), 金在泳(35번), 李圭復(36번), 大梅健治(37번), 金圭瓚(39번), 成松綠(40번), 竹內菊次郎(41번), 大村百藏(43번), 加納一光(44번), 石森久彌(45번), 金思演(46번), 白石巖(47번), 馬場節(48번)
결 석 의 원	尹宇植(18번), 松本淸次郎(22번), 寺田榮(38번), 芮宗錫(42번)
참 여 직 원	門脇默一(조선총독부 부이사관), 李源甫(동), 中村情一(동), 松橋喜代治(동), 町田義知(부 기사), 藤本源市(부 주사), 眞野富太郎(주사), 中村恒造(서기)
회 의 書 記	
회 의 서 명 자 (검 수 자)	
의 안	보고 제1호 1930년도 경성부 세입출결산 및 특별회계세입출 결산의 건 의안 제2호 경성부청사 신축비 충당채 상환방법 변경의 건 의안 제3호 부외급수의 건 의안 제4호 1932년도 경성부 세입출예산의 건 의안 제5호 1932년도 경성부 특별회계 승합자동차비 세입출예 산의 건 의안 제6호 1932년도 경성부 특별회계 공익질옥비 세입출예산 의 건 의안 제7호 경성시구개수비 충당채 기채의 건 의안 제8호 1932년도 경성부 호별세등급 및 부과액 결정의 건 의안 제9호 경성부 호별세조례 개정의 건

	의안 제10호 경성부 부가세조례 설정의 건 의안 제11호 경성부 수도급수조례 의안 제12호 경성부수도 부외급수조례 개정의 건 의안 제13호 경성부 폐기물 특별수거수수료조례 설정의 건 의안 제14호 경성부 도수장사용료조례 개정의 건 의안 제15호 경성부 승합자동차사용조례 개정의 건 의안 제16호 마포시장 위치 기타 변경의 건 의안 제17호 마포시장 부지 차입의 건(예산외 의무부담) 의안 제18호 경성부 제2회 공채상환기금적립조례 설정의 건 의안 제19호 수도개량 및 확장준비금 적립조례 설정의 건 의안 제20호 경성부 기본재산 축적 및 관리조례 설정의 건 의안 제21호 경성부금고 사무취급은행담보조례 설정의 건
문서번호(ID)	CJA0002895
철 명	경성부예산서류
건 명	보고예제5호경성부세입출예산의건보고(회의록첨부)
면 수	22
회의록시작페이지	427
회의록끝페이지	448
설 명 문	국가기록원 소장 '경성부예산서류'철의 '보고예제5호경성부세 입출예산의건보고(회의록첨부)'에 포함된 1932년 3월 16일 경 성부회 회의록

해 제

본 회의록(총 22면)은 국가기록원 소장 '경성부예산서류'철의 '보고예제5호경성부세입출예산의건보고(회의록첨부)'에 포함된 1932년 3월 16일 경성부회 회의록이다.

이 회의록은 국가기록원 소장 자료 CJA0002895 778-799쪽. CJA0002895 847-869쪽에 중복되어 실려 있다.

『경성일보』에 따르면 정성부회는 3월 16일 오후 2시부터 열렸는데 회의 모두에서 상임위원장이 부(府)의 사무 및 출납검사 보고를 하기로 되어 있었기 때문에 이 보고에 대한 논의를 하기 위해 15일 오후 5시부터 부청 위원회실에서 상임위원회를 개최하였다고 한다.6)

이 경성부회는 첫날부터 의결권 문제로 부 당국과 부회 의원 사이에 갈등이 빚어졌다.7) 회의에서 야마나카(山中) 의원이 "작년 11월 4일의 부의회에서 희망조건부로 가결한 서대문 형무소에 매각한 부유지, 현저동에 있는 3,323평에 대하여 형무소가 다른 곳으로 이전할 때에는 무상불하하여 달라는 부회 희망을 부 당국자는 완전히 이행하느냐, 또는 부회에 대해서 만족한 약속을 할 생각이 있느냐"고 따졌다. 이어서 조병상 의원과, 하마다(濱田) 의원 등이 다시 추궁하여 이날의 부회는 이 문제로 갈등이 빚어진 것이다.8)

이러한 갈등은 이틀째 회의에서는 전기공영문제를 둘러싸고 부윤을 공격하며 소란으로 이어졌다.

내 용

배부된 의안은 다음과 같다.
보고 제1호 ~ 의안 제21호(생략-편자)

의장(부윤) : 그러면 정수에 도달했으므로 개회합니다.
39번(峕) : 의사에 들어가기 전에 긴급질문으로 위생과장에게 질문하

---

6) 『京城日報』 1932.3.16, 1면.
7) 분규의 내용은 「決議權無視で又も紛糾を極め府當局の失態曝露せる, 京城府會本會議」, 『朝鮮新聞』 1932.3.17, 2면 참조.
8) 「決議權無視問題로 府尹을 一齊詰問 부유지 매각에 결의 무시햇다고 京城府會初日波瀾」, 『每日申報』 1932.3.18, 2면 참조.

고 싶은 것이 있습니다만.

의장(부윤) : 잠시 기다려 주시겠습니까. 일정에 관해 위원장으로부터 경성부회 상임위원의 보고를 먼저 하게 해달라는 이야기가 있었으므로 이의가 없다면 일정을 바꾸어 상임위원장의 보고를 먼저 하려고 합니다만 이의 없으십니까.

('이의 없다'고 말하는 자가 있음)

의장(부윤) : 그러면 그렇게 하겠습니다. 그리고 그 보고 전에 여러분에게 말씀드리고 싶은 일이 있습니다. 만주사변에 관해, 또 상해사변에 관해 우리 육해군은 국가를 위해 대단하게 일을 하고 있습니다. 이것은 정말로 감사를 금할 수 없습니다. 이에 대해 부회의 결의를 통해 혼조(本庄) 사령관, 제20사단장 등의 방면에 감사전보를 보내려고 생각하므로 일단 여러분에게 자문합니다.

('이의 없음', '찬성'이라고 말하는 자가 있음)

의장(부윤) : 그리고 상해사변에 관해 우리 상해총영사의 진력에 대해 감사전보를 보내려고 하는데 이의 없습니까.

('찬성', '이의 없음'이라고 말하는 자가 있음)

의장(부윤) : 전문에 관해서는 의장에게 맡겨 주시겠습니까.

('찬성'이라고 말하는 자가 있음)

의장(부윤) : 전문은 나중에 보고 드리겠습니다.

의장(부윤) : 그러면 경성부회 상임위원장의 보고

33번(增田) : 상임위원회의 보고를 말씀 드립니다. 상임위원회는 1931년 11월 27일부터 12월 22일까지 휴일을 제외하고 16일간에 걸쳐 출납, 의결의 집행 및 사무의 관리를 검사하고 아울러 사무에 관한 서류 및 계산서 등의 검열을 하였습니다. 그 전말을 말씀드리려 합니다. 출납검사에 있어서는 11월 27일, 30일, 2일, 3일, 4일의 6일단에 걸

쳐 검사를 했습니다. 그리고 12월의 5, 7, 8, 9, 10의 5일간에 사무관
리를 검열했습니다. 동부 공익질옥, 승합자동차 차고, 채석장, 가축
시장, 용산수도분실, 버스대기소, 광희문 밖 廠舍, 順化院, 葬祭場,
서부질옥의 신축공사, 소독사무소, 도서관 본분관, 간이 授産場, 永
樂町 수도분실 등을 검열하였습니다.

그리고 11일부터 14, 15일에 걸쳐 의결의 집행 사무에 관한 서류의
검열을 하였습니다. 17일에는 보고자료를 정리하고 22일에 보고안
을 정했습니다.

호적사무에 관해서는 등본 및 제증명의 下附가 늦다는 비난의 소리
가 있었으므로 이 점에 관해서는 係主任에게 주의를 해두었습니다.
내무사무에 관해서는 의결사항에 관해 다음과 같은 불비점이 있음
을 확인했습니다. 의안 제19호의 토지매각처분의 건에 관해 부회는
형무소가 장래 이전할 경우에는 이것을 부에 교부한다는 희망조건
이 붙여 본안을 결의하였음에도 불구하고 공문서 및 부와 형무소
사이의 계약서에는 아무런 의사표시가 되어 있지 않습니다. 따라서
이것을 회계계장에게 물어본 결과 구두를 통해 이러한 내용을 말해
두었다는 답변을 받아두었습니다만 관청의 일이기 때문에 수시로
책임자도 바뀌는 일이 있기 때문에 구두 등으로는 효과가 없습니
다. 이 점을 계장에게 주의하였는데 계장은 늦었지만 공문서를 통
해 이러한 뜻을 송달하였습니다.

회계사문에 관해 복대리의 위임이 없음에도 불구하고 복대리인에
대해 현금을 지불한 사례가 있습니다. 그리고 입찰위임장을 1년분
미리 총괄적으로 징수하고 있는 실례도 있었습니다. 부의 요직에
있으며 월액여비를 받아 매일 출장을 하고 있는 사례가 있었습니
다. 이상은 모두 개선할 필요가 있음을 인정하고 이 점을 특히 주의

해 두었습니다.

營繕사무에 있어서는 알고 계시듯이 도서관은 매우 비좁아 열람자의 수요를 충족할 수 없습니다만 이와 인접하여 府吏員의 俱樂部가 있으므로 도서관의 비좁음을 감안해 이것을 어떻게 존치할 지는 모두 회의의 문제로 넘기려고 생각합니다. 승합자동차 사무에 관해서는 승합자동자의 부분품 구입에 관해 자동차 차체의 내구성 및 그 가격에 관해 고려가 필요하다는 점을 주의해 두었습니다. 자동차의 화재보험료는 현재 3천 원이라는 다액이 필요한 점을 감안해 보험에 가입하는 것이 이익인지 아닌지 이 점에 관해서도 의회의 문제로 삼기로 했습니다.

동부 공익질옥 사무에 관하여. 이것도 협의회 시대부터 문제가 되었는데, 대부는 質物의 평가액의 10분의 7 이하이며 그리고 1구 5원 이내, 1세대 20원 이내라는 규정이 있음에도 불구하고 실제는 10분의 7 이상이며 1세대 20원 이상 대출하고 있는 실례도 있습니다. 이것을 대장에 기입한 예를 말씀드리면 대장에는 사진기 등 3점으로 되어 있는 것은 조사했더니 사진기, 셔터, 렌즈 등을 각기 별도로 취급해 20원을 대부하고 있는 사례가 있었습니다. 그리고 또 6회나 流質한 자에 대해서도 대부하고 있는 사례가 있는 등, 일반적으로 細民에게 자금을 융통하는 것이 취지임에도 불구하고 그 사명을 온전히 하지 못하는 느낌이 있었습니다. 이 점은 특히 주의를 해 두었습니다. 그리고 유질물의 경매 결과를 보고할 것을 주의해 두었습니다.

간이수산장을 보면 간이수산장의 수산계획을 개선하고 수용자가 장래의 독립 자치의 생계를 가능하게 하는 방침을 세울 필요가 있다는 것을 인정했습니다. 현재의 상황으로는 수용자에 대해 근로를 부양할 뿐이고 장래의 자활 생계에는 적당하지 않은 것으로 생각됩니다. 따라서 현재의 짚 제품의 창고를 이용하여 선발한 자에게 근로에 수반하는 기술 공작을 습득 수련하게 하여 자활의 방도를 세우고 또는 사횡에 송출하는 것을 목적으로 삼는 편이 좋을 것으로 생각합니다.

현상을 보면 공장수에 비해 수용 온돌이 매우 많이 있어 그 온돌의 거의 3분의 1을 수용하고 3분의 2는 거의 비어있는데 그 규모가 매우 소극적이어서 실사회에 적응하지 않는 것으로 생각합니다. 이것은 직업소개소와 연락을 취하여 그 기능의 완성을 바라는 바입니다. 이어서 세무사무에 관해 일반사무와 비교한다면 몇 가지 좋은 점이 있고 그다지 성적이 나쁜 점은 없는데 잡종세 가운데 흥업세는 매우 성적이 불량하므로 흥업세에 관해서는 징수방법의 개선을 꾀하기 바란다는 경고를 해두었습니다.

도서관 사무에 관해서는 열람자 수용능력을 증진하는 계획이 필요하다는 것은 인정했습니다.

직업소개 사무에 관해서는 장기 숙박의 폐해, 특히 숙박자 무리가 책모하여 사회에 독을 끼치는 계획의 책원지가 되는 일이 없도록 엄중한 감독이 필요하다는 점을 인정했으므로 이 내용을 주의해 두었습니다.

순화원에 관해서는 현재 병원으로 환자를 수용하고 있지 않은 건물이 있습니다만 모두 사용하지 않고 낡게 될 우려가 있으므로 이것은 처분하는 편이 경제상 또는 정돈하기에 적당하다고 인정합니다. 또 순화원의 한약 조제는 한약 처방에 능통한 조선인을 임명하는 것이 지당하다는 점을 인정했습니다.

토목 사무에 관해서는 채석장의 인부 임금 지불은 매달 15일에 지불하고 있는데 그 때문에 인부가 여유를 갖고 기다릴 수 없기 때문에 고리의 금전을 대부받아 대체를 하고 있는 상황입니다. 이것을 위생인부와 같이 다음날 지불하는 것으로 실행한다면 인부가 높은 이자를 지불할 필요가 없기 때문에 실행을 희망하는 바입니다. 또 토목 쪽에서는 예산이 허락하는 한 작은 하수의 改修를 희망하는 바입니다.

또 채석장에 관해서는 채석장으로부터 토사가 유출되어 개울이 거의 막혀 하류의 주택은 거의 물이 멈춰버린 현장을 보았습니다. 그러한 것은 충분히 예방이 필요성이 인정됩니다.

그리고 도로 溝渠 사용에 관새서는 이면도로의 이해관계가 적은 장소는 사용료를 징수하고 큰길의 가장 이해가 중대한 도로 溝渠의 사용료는 도리어 징수하고 있지 않은 모순되는 사례가 있기 때문에 이것은 연구의 필요가 있다고 인정했습니다.

그리고 세브란스병원의 주위에 하수시설이 설치되어 있지 않는데 이 병원은 전염병 환자를 취급하는 병원으로 도시 위생상으로 말하더라도 중대한 문제가 있다고 생각하므로 상당한 시설을 희망하고 있는 바입니다.

수도사무에 관해서는 용산수도분실의 상황을 시찰해보면 가옥은 좁은 것이 있고 또 건물이 매우 낡아서 집무상 상당히 불편하고 불만이 있는 점을 인정했습니다.

그리고 본청 사무책임자는 각 담당 분실, 파출소 등을 순시하여 감독에 충분한 주의를 하기 바랍니다. 이로써 대체적인 보고를 드리는 바입니다.

의장(부윤) : 상임위원장의 보고에 관해 질문 있습니까.

10번(山中) : 방금 상임위원자의 보고 가운데 부회에서 결의된 결의사항이 완전히 실행되지 않은 것은 중대한 문제로 정말로 유감스럽게 생각합니다. 의안 제19호 토지매각처분의 건에 관해서는 상임위원회에서 공문서를 교환하는 것에 주의를 했습니다만 그 뒤 형무소와 주고받은 문서의 형식은 어떻게 정리되었습니까. 그 상황을 알고 싶습니다.

번외(中村 서기) : 형무소와 계약에 관해서는 별도로 공문을 통해서라는 희망하신 결의가 있었다는 것을 통하는 것이 당연하였지만 이것을 보내지 않은 것은 정말로 미안한 일입니다. 그 뒤 주의하신 점도 있어서 공문을 통해 형무소에 그러한 희망조건부 결의가 있었다는 것을 보냈습니다. 그렇게 이해하시기 바랍니다.

10번(山中) : 그 공문서에 대해 형무소로부터 무언가 회답을 받았습니까. 그저 보냈을 뿐입니까.

번외(中村 서기) : 회답은 아직 받지 못했습니다.

10번(山中) : 재촉한 적은 있습니까.

번외(中村 서기) : 희망이기 때문에 이러한 희망이 있으므로 양해를 부탁한다는 것을 말했습니다. 상대방으로부터 무언가 회답과 같은 것은 받지 못했습니다.

12번(曾我) : 위원장에게 질문합니다만 상임위원회의 검사 방침은 검사받는 방법이 감찰방침에 의해 검사를 시행하고 있는가, 혹은 지도하는 의미에서 검사를 시행하고 있는가 여쭙고 싶다. 실은 이러한 의문이 있으므로 상임위원회에서 방청을 청한 결과 방청하는 것은 지장이 없다고 해서 방청하러 갔습니다. 그런데 불행하게도 그 때는 다른 곳으로 출장을 간다고 해서 나는 그렇게 걸을 수 없으므로 그대로 헤어졌습니다만 검사의 방침이 어느 쪽으로 하고 있는지 묻고 싶습니다.

33번(增田) : 12번에게 답변하겠습니다.9)

12번(曾我) : 위원장의 답변에 의하면 지도 방침으로 한다는 것입니다만 검사를 할 때 갑자기 가서 검사를 하는 일이 왕왕 있다는 것입니다. 그것은 현재 용산의 출장소라고 생각합니다만 어느 때 위원 쪽에서 앞으로 어느 방면을 향해 검사차 출장을 가므로 府의 자동차를 준비하라는 이야기가 있었다고 합니다. 그것은 어디에 검사하러 가는지 眞野 씨에게 물었더니 그러한 것은 일체 비밀이어서 우리는 알지 못한다고 말했습니다. 생각해보면 서무의 주임인 眞野 씨가 알지 못한다고 하면 물론 출장소 사람은 알고 있을 리가 없다. 갑자기 가서 검사를 하였다고 생각합니다. 갑자기 가는 것도 필요할지 모르지만 모두 지도의 방침으로 하는 것이라고 한다면 갑자기 가서 장부를 보여달라는 식의 검사 방식을 취하는 것보다도 오히려 어느날 검사하러 가므로 잘 정리해 두라고 하는 방침을 취하는 것이 지도의 진정한 방식이 아닐까 생각합니다. 그런데 이번에 하신 것은 통지도 하지 않고 갑자기 한 것으로 알고 있습니다. 그러한 것이라면 나는 설명이 충분하지 않다고 생각하는데 사실 나는 지도의 방침으로 진해하는 것을 희망합니다.

32번(藤村) : 나는 위원장에게 질문을 드리고 싶습니다. 봉래정 염천교 가교공사에 연속된 도로 공사입니다만 이에 대해 적어도 府民에게 피해를 주고 있는 것 같습니다. 그 도로는 경성부 밖으로 들어가는 화물을 배달하는 車馬의 왕복이 빈번하여 교통에 매우 지장을 주고 있습니다. 이에 대해 청부공사가 기간 내에 준공했는지 또 공사는 어느 사람의 손으로 했는지, 혹은 부민에게 이와 같은 불편을

---

9) 원문에 표시는 없으나 회의록에 답변 내용이 누락된 것으로 보임.

준 것에 대해 조사하였는지 그 점을 듣고 싶습니다.

24번(曹) : 열심히 하신 상임위원 제군의 노력에 의해 나는 중대한 일이 발견되었다는 것은 부윤에게 말씀드리려고 합니다. 적어도 부회의 의사에 의해 결정된 것을 전혀 실행하지 않고 아무런 고려를 하지 않은 그 근본정신은 어디에 있는가. 제19호안 토지매각안이 부회에서 상당한 논의가 있었고 그것은 속기록에 명기되어 있을 것이다. 이와 같이 문제화되어 있는 토지에 관해 하나의 희망조건이 있었는데 그 조건을 무시한 것은 그 정신이 어디에 있는지를 여쭙고 싶다. 어째서 부회의 의사를 존중하지 않았는가. 그것을 묻고 싶다. ('동감'이라고 말하는 자 있음) 언명해주기 바란다.

의장(부윤) : 부회의 의사를 존중하지 않을 리는 없습니다. 충분히 존중하고 있었습니다. 그 점에 관해서는 바로 그 당시의 법무국 행형과장에게 그 점을 말해 두었습니다. 단지 그 서면이 늦어진 것은 매우 미안하게 생각합니다. 충분히 그 의사를 전달했습니다. 즉각 서면으로 희망부 조건으로 가결했다. 장래 만일 이전할 경우에는 상당히 고려하지 않으면 안 된다는 의사를 전달해 두었습니다. 단지 절차가 늦어진 것에 관해서는 매우 미안하게 생각하고 있습니다.

(발언을 요청하는 자가 많음)

7번(中山) : 방금 전 19호안의 집행에 관해 희망부 조건은 단지 상대방인 형무소에 그 희망을 말한 것뿐으로 충분하다는 해석으로 받아들였습니다. 왜냐하면 보고만 학고 답장도 받지 않았다는 것인데 의결의 결의에 의한 희망조건이라고 칭하는 것은 부가 그것을 집행하는데 있어서 그 희망을 실현하기 위해 부에 대한 희망조건이라고 생각합니다. 그렇다면 부는 그 희망을 성취하여 계약을 체결한다는 희망부 조건인가. 필요가 없어진 경우에는 부에 제공한다는 것을 승낙하는지 아닌지를 확인한 다음 만일 받아들여지지 않는다면 바로 부회에 자문하여 그 희망은 달성되지 않는데 어떻게 하면 좋을지 자문하는 것이 순서가 아닐까 하고 나는 해석한다. 그렇게 알고 있었는데 부의 해석은 단지 희망을 통달하는 것으로 충분하다는 해석입니까. 이렇게 되면 희망조건은 완전히 무의미한 것으로 되어버린다. ('그렇다, 그렇다'라고 말하는 자가 있음) 그 점을 파악하고 싶습니다.

의장(부윤) : 요컨대 그것은 장래 감옥이 이전할 경우에 고려를 하게 한다는 희망이라고 생각하고 있었습니다. 그리고 감옥이 이전할 경우에는 반드시 고려를 하게 한다는 것은 말씀드린 바입니다. 그러한 식으로 나는 해석했습니다.

25번(濱田) : 단지 그러한 점만으로 답장도 아무 것도 조치하지 않은 행형과장은 언제까지나 있을 사람이 아니다. 시간이 오면 바뀐다. 그 사람에게 말해 두었다는 것으로는 의미가 없다. 우리가 알고 싶은 것은 매수인인 국가의 의사에서 장래 이전할 경우에는 부에게 돌려준다는 것이 아니라면 의미가 없다. 계약에 있어서 그러한 것이 일언반구도 없다.

의장(부윤) : 앞서 말한 대로 상대방에 통지를 했습니다. 지금 답한 것과 같이 했습니다.

('이상하네'라고 말하는 자 있음)

37번(大梅) : 이 문제는 앞서 24번 의원으로부터 들은 대로 상당히 논의가 있었던 문제입니다. 우리는 절대로 파는 것에 반대한 사람 중 한 명입니다만 소수 의견으로 마침내 팔렸습니다만 이 희망조건을 府는 형무소에 말하려는 의견이 있었는가 없었는가. 단지 부회의 결의이므로 부로서는 그러한 필요는 없다고 인정했는가 아닌가.

의장(부윤) : 그것은 감옥이 다른 곳으로 이전할 경우에는 돌려받고
　싶다는 희망이었다고 나는 생각합니다. ('그렇습니다'라고 말하는
　자 있음) 그러므로 이전의 사실이 만일 있다고 하더라도 이전에 관
　해 오늘 확인할 수는 없습니다. 그렇지만 장래 이전할 경우에는 반
　드시 돌려받겠다라는 희망이었다고 생각합니다.

37번(大梅) : 장래 이전할 경우에는 반대의 조건을 붙여 매각하고 싶
　다는 것이 우리의 희망이었다.

의장(부윤) : 우리는 希望附라고 해석하고 있습니다.

(하략-편자)

3) 1934년 3월 9일 경성부회 회의록

항 목	내 용
문 서 제 목	京城府會會議錄
회 의 일	19340309
의 장	伊達四雄(부윤)
출 석 의 원	茅野留藏(1번), 石原憲一(2번), 中村郁一(3번), 藤田爲與(4번), 梁在昶(5번), 肥塚正太(6번), 山中大吉(7번), 朴疇明(8번), 森安敏暢(9번), 寶諸彌七(11번), 曾我勉(12번), 杉市郎平(13번), 森井與一郎(15번), 秋山督次(16번), 金錫晋(17번), 尹宇植(18번), 洪必求(19번), 曺秉相(24번), 濱田虎熊(25번), 朴準鎬(27번), 李升雨(28번), 菅總治(29번), 波多江千代藏(30번), 近藤秋次郎(31번), 藤村忠助(32번), 劉承復(33번), 吳珽煥(34번), 李圭復(36번), 大梅健治(37번), 金圭瓚(39번), 成松綠(40번), 竹內菊次郎(41번), 芮宗錫(42번), 大村百歲(43번), 金思演(46번), 白石巖(47번), 馬場節(48번)
결 석 의 원	森秀雄(10번), 塚崎兼作(21번), 松本淸次郎(22번), 李弘鍾(26번), 寺田榮(38번), 加納一光(44번)
참 여 직 원	森武彦(조선총독부 부이사관), 李源甫(동), 中村情一(동), 町田久壽男(조선총독부 부기사), 木代嘉樹(경성부기사), 荻野正俊(동), 眞野富太郎(경성부주사), 中村恒造(동), 古賀國太郎(소제감독장)
회 의 서 기	
회 의 서 명 자 (검 수 자)	伊達四雄(부윤), 李圭復(36번), 大梅健治(37번)
의 안	의제2호 경성부청사 신축비 충당채 상환방법 변경의 건 의제3호 경성부 산업장려기금 설치 및 관리조례 설정의 건 의제4호 경성부 사회사업기금 설치 및 관리조례 설정의 건 의제5호 경성부 기본재산 축적 및 관리조례 설정의 건 의제6호 경성부 위생시설기금 설치 및 관리조례 개정의 건 의제7호 1934년도 경성부 일반회계 세입출예산의 건 의제8호 1934년도 경성부 부민병원비 특별회계 세입출예산의 건 의제9호 1934년도 경성부 공익질옥비 특별회계 세입출예산의 건 의제10호 경성부 이원급여기금 설치 및 사용방법 및 운용조례 설정의 건 의제11호 경성부 제4회 공채상환기금 적립금 조례 설정의 건

	의제12호 경성부 부가세조례 개정의 건 의제13호 공사의 청부, 노력의 공급, 물건의 매매대차에 관한 　　　　조례 개정의 건 의제14호 소독 및 환자수송조례 개정의 건 의제15호 경성부 수입증지 조례 개정의 건 의제16호 경성부 특별영업세 잡종세 조례 개정의 건 의제17호 수수료 조례 개정의 건 의제18호 경성부 상품권발행세 조례 설정의 건 의제19호 명치정 공설일용품시장 폐지의 건 의제20호 공설일용품시장 설치의 건 의제21호 안국동 공설시탄시장 폐지의 건 의제22호 돈의동 공설시탄시장 면적 변경의 건 의제23호 동대문 공설시탄채소시장 면적 변경의 건 의제24호 예산 외 의무부담의 건(오물처분장 용지관계) 의제25호 예산 외 의무부담의 건(경기도비에 기부관계) 의제26호 재산처분의 건(뚝섬수원지 보수공사비 관계) 의제27호 예산 외 의무부담의 건 의제28호 재산처분의 건(수산시장 냉장고 개축비 관계) 의제29호 예산 외 의무부담의 건(위와 동) 의제30호 재산 처분의 건(묘지 임시비 관계) 의제31호 토지 매각 처분의 건(명치정 소재 토지) 의제32호 토지 및 건물 매각 처분의 건(신당리 소재 토지 및 　　　　건물) 의제33호 적립금 이월 처분의 건(부민관 신영비 관계) 의제34호 토지 무상양도의 건(신당리 소재 토지) 의제35호 경성 시구개수비 기채의 건 의제36호 경성부 제3기 하수개수비 기채의 건 의제37호 1934년도 경성부 일반회계 및 특별회계 세입출결산의 건
문서번호(ID)	CJA0003048
철　　　　　명	경성부관계서
건　　　　　명	소화9년도경성부회회의록
면　　　　　수	18
회의록시작페이지	593
회의록끝페이지	610
설　　명　　문	국가기록원 소장 '경성부관계서'철의 '소화9년도경성부회회의 록'에 포함된 1934년 3월 9일 경성부회 회의록

해 제

본 회의록(총 18면)은 국가기록원 소장 '경성부관계서'철의 '소화9년 도경성부회회의록'에 포함된 1934년 3월 9일 경성부회 회의록이다.

이 경성부회에서는 회의 벽두에 경성부 관리의 부정사건이 논란이 되었다. 이번 회의에 대해『경성일보』는 다음과 같이 전하고 있다.

"경성부회 첫째 날은 9일 오후 2시 15분 부회의실에서 개회, 먼저 다테(伊達) 부윤이 1934년도 예산강령에 관해 1시간에 걸쳐 설명하고 의사일정에 들어가 일반질문을 개시했다. 벽두에 기강문제를 이시하라(石原) 씨가 제기해 일일이 지적했다.

1. 마에다가 3년에 걸쳐 횡령한 금액은 7,100원이라고 들었는데 본 건이 폭로되기까지 모 씨에 의해 은폐가 이루어진 흔적이 있다. 진상은 어떠한가.

2. 마에다에게는 횡령 이외에 사채가 있어 다른 부이원과 공동으로 광산에 투자했다고 한다. 또 모 과장은 50원의 연대채무가 있다고 하는데 사실은 어떠한가. 본인이 모 씨를 불러 자주 유흥을 했다는 정도도 아울러 묻는다.

3. 본건에 의한 피해의 부담자는 누구인가 하면 전 이노우에 부윤의 책임이다. 그런데 이러한 중대한 책임을 지는 이노우에 부윤에 대해 전대미문의 기념품 증정계획이 부 및 의원이 발기로 이루어졌다고 들리는데 그 자금에 의해 메우려는 목적이 아닌가.

4. 수뢰행위를 하고 그것을 은폐하고 사직한 사람이 그 뒤 부이원이 되고 관련 부서의 탐지에 의해 검거되었는데도 훈계를 받고 처리했다는 사건이 있다. 이러한 인물을 이원으로 다시 채용하고 중직을 맡긴 것은 누구인가. 이 사실은 부윤은 어떻게 생각

하는가.

이러한 질문으로 장내는 긴장했다. 나카무라(中村) 세무과장이 일어나 먼저 마에다 씨의 이력, 발각 동기, 사건의 경과에 대해 일단 설명했다.

1. 소비한 것은 7,182원 79전이고 관계자는 9명, 본인은 2월 13일 면관되어 다음날 送局, 현재 예심중이다. … 이러한 인물이 나온 것은 죄송하며 깊이 책임을 느끼고 있다.

2. 마에다에게는 사채가 있다. 단, 이원 가운데 이와 공동연락한 자는 없고 투자관계자도 없어 연대책임자도 없다고 생각한다. 현재 손해보전 문제를 연구중이며 아직 해답을 얻을 시기는 아니다.

라고 말하며 사실을 부인하였고 이어서 다테 부윤도 부이원의 감독을 엄중히 하겠다는 내용의 답변을 하였다."[10]

3일차인 13일 회의에서는 홍필구(洪必求) 의원이 "감사괘(監査掛)에 막대한 비용이 들어가는데도 마에다(前田) 사건[11]과 같은 것을 야기하다면 이러한 것은 설치할 필요가 없지 않은가"라고 질의하자, 모리(森) 내무과장은 "감사계는 5명으로 4명은 겸무자이다, 복잡한 부의 사무에 관해 부윤의 조사를 맡고 있어 감사계를 폐지할 의사는 없다"고 답변했다.[12]

내용

제출된 의안은 다음과 같다.

---

10) 「劈頭綱紀問題で議場緊張を呈す, 京城府會第一日」, 『京城日報』 1934.3.10, 2면.
11) 경성부의 전 서기(書記) 마에다의 부정사건.
12) 「監査係の無用を叫ぶ, 京城府會第三日」, 『京城日報』 1934.3.14, 1면.

의제2호~의제37호(내용 생략-편자)

(전략)

의장(부윤) : 지금부터 배부해드린 의사일정에 따라 회의를 열겠습니다. 일반질문입니다.

2번(石原) : 일반질문은 나중으로 돌리고 나는 먼저 첫 번째로 紀綱肅正에 관한 질문을 하고 싶습니다. 전에 이와사(岩佐)사건이 있었고 이어서 고마타(駒田)사건이 있고 지금 다시 마에다(前田)사건이 발생한 것은 정말로 매우 유감입니다. 그리고 이것들은 표면적으로 드러난 대표적 사실에 지나지 않습니다. 정말로 나는 이 경성부의 상태를 보고 깊이 우려를 금할 수 없는 바입니다. 다테(伊達) 부윤은 경성부에 부임한지 아직 얼마 지나지 않았지만 이미 대체로 결심이 서 있다고 믿습니다만 이때 크게 결심은 굳혀 일대 결심을 해야 한다고 생각합니다. 그것에 관해 먼저 부윤의 결심을 촉구하기 위해 여기에 두 세 개의 질문을 부분적으로 해보고 싶습니다.

먼저 첫 번째로는 3년간에 걸쳐 행해진 체납금의 횡령액이 7,100원에 달한다고 하는데 아무리 감독이 미치지 못했다고 말하지만 작년 말에 이르러 발각되어 마침내 1월 중순 도(道) 형사과에 그 신병을 인도하게 되었다. 또 그 죄책을 은폐하는데 상사가 부심한 의심이 있다. 그리고 상임위원회에 대해 이 사건에 관해 아무런 자료도 제공하지 않고 있다. 아무리 업무상의 피해사실이라고 하더라도 상임위원회의 사무감사의 책임을 넘어선 것이라고 하지만 내밀하게 은폐를 하려고 한 것은 정말로 매우 기괴한 일이다. 이유는 어떠합니까.

이어서 들은 바에 따르면 마에다 모(某)는 횡령금 이외에 부채도 많은 것 같습니다. 그리고 부청의 관리에게 적지 않은 폐를 끼친 것 같은데 항간에서는 어쩌면 이들 관리 …… 이원(吏員)도 포함하고 있는데 …… 들과 공동으로 광산에 손을 댄 자가 있다고 보는 경향이 있습니다. 어떠면 무언가 연락이 있는 것은 아닌가라는 생각이 매우 많습니다. 이 점은 어떻습니까. 또 모 과장과 5천 원의 연대채무가 있다는 것을 들었습니다만 과연 어떻습니까. 과연 보충하는 것은 가능했겠지만 앞으로는 어떻게 할 생각입니까. 마에다 모가 때때로 上司를 초대해 유흥을 했다는 소문이 들리는데 설마 그러한 일이 없으리라 믿습니다만 그것은 사실입니까. 또 손해를 부담하는 자가 과연 누구입니까.

전 부윤 이노우에(井上) 씨의 책임이라는 것은 말할 필요도 없지만 현 부윤도 정말로 난처할 것이다. 그런데 전 부윤 이노우에 씨에 대해 전대미문의 기념품 모집이라고 하는 계획이 의원의 대표적 지위에 있는 사람, 그리고 부의 간부가 발기하였고 하는데 이러한 것은 어쩌면 항간에서 여러 소문이 발생하고 있다. 전 부윤 이노우에 군이 이것을 보충하는데 그 돈으로 자금을 만든 것은 아닌가라고 말하는 자가 있는데 정말로 유감으로 생각한다. 그러한 점은 없으리라 생각하지만 없으면 없다, 있으면 있다는 말을 듣고 싶습니다.

의장(부윤) : 상상에 기초한 듯한 말은 삼가주기 바랍니다.

(중략) :

2번(石原) : 앞서 제 발언 중 이노우에(井上) 전 부윤의 기념품에 관한 발언은 말씀하신 바와 같이 과연 다소 지나친 감이 있습니다. 이 점 취소합니다.

24번(曹) : 기강숙정에 관해서는 부정(府政)의 진전상 매우 중대성을 띠고 있다는 것은 말할 필요도 없습니다. 본 문제에 관해서는 위원회을 열어 서로 터놓고 선후책을 강구하고 장래의 일 등도 서로 말할 필요가 있다고 생각합니다. 그러한 것은 공개석상에서는 논의하지 않는 편이 좋다고 생각합니다. 그래서 나는 긴급동의를 제출하겠습니다. 기강숙정에 관한 건은 위원회에 부탁하고 싶다고 생각합니다.

("이의 없음", "이의 없음"이라고 말하는 자 있음)

12번(曾我) : 기강숙정이라는 문제를 전원위원에 맡기자는 것인데 기강숙정이라는 문제를 맡길 수 있을지 모르겠지만 기강숙정과 같은 문제는 위원 등에게 맡기지 않아도 이러한 공개 자리에서 정정당당하게 연구해 세상의 비판을 받아야 한다. 나는 이 기강숙정의 범위를 잘 모르겠다. 만약 기강숙정이라는 말을 마에다(前田) 사건이라고 한다면 어쩌면 나는 찬성할지 모르겠지만 단지 기강숙정을 전원위원회에 맡겨 우리들이 연구하자는 것이라면 완전히 반대한다. 기강숙정은 그러한 은밀한 곳으로 가져가서 협의할 것이 아니라 공개석상에서 정정당당하게 협의해 부민의 비판을 받지 않으면 안 됩니다.

("찬성"이라고 말하는 자 있음)

24번(曹) : 지금 12번 의원의 설은 매우 지당합니다. 그러나 부정의 전전을 생각할 때 기강숙정에 관한 일을 공개하자는 것은 당연히 지나친 일인데 부민에 대해 부를 신용하게 하는데 있어서 그리고 부정의 진전을 생각하면 그렇게 공개석상에서는 할 일이 아니라고 생각한다. 또한 당국으로부터 지금 조금 상세하게 기탄없는 답변을 듣기 위해서는 위원회를 여는 것이 필요하다고 생각합니다. 따라서 마에다 문제 및 그와 비슷한 종류의 기강숙정에 관계하는 문제를 전원위원에 부탁할 것을 희망합니다.

25번(濱田) : 의사 진행에 관해 말씀드리면 이 동의에 관해서는 채결하는 것이 합당합니다.

의장(부윤) : 반대 의견이 나왔으므로 그것을 듣고 있습니다.

16번(秋山) : 나는 휴게 전에 질문했습니다. 그렇지만 이 질문도 위원회이든 어떠한 자리에서 답변을 들을 수 있다면 좋은데 전원위원에 이 문제가 부탁된 상태로 답변이 없게 된다면 나는 반대합니다. 어쨌든 나는 답변을 듣기 위해 질문을 한 것이기 때문에 그 점을 충분히 헤아려 주시기를 바랍니다.

46번(金) : 나는 이 문제를 위원회에 회부한다는 주장에 찬의를 표함과 동시에 12번 의원의 공개하라는 말씀도 일단 지당하다고 생각하는데 기강숙정 문제는 개인 신상에 크게 관계되는 것이 있기 때문에 위원회에 들어가 간담하고 그 결과에 따라 분명하게 본회의를 열어 심의하고 싶다고 생각합니다. 16번 의원에게 상담을 드립니다만 지금의 질문에 대한 답변도 위원회까지 보류하면 어떻겠습니까.

16번(秋山) : 지금 46번 의원이 말한 위원회 쪽으로 넘기자는 점은 의장의 선언이 있다면 그렇게 하겠습니다.

의장(부윤) : 그러한 의미입니다.

(발언을 요구하는 자가 많아 회의장이 소연해짐)

7번(山中) : 24번 의원의 동의를 명료하게 듣고 싶습니다. 그것은 왜냐하면 기강숙정 문제를 위원부탁으로 하자는 동의입니다만 위원부탁이라는 이상은 의안이 없으면 안 되는데 도대체 어떠한 의안이라는 것인지 명료하게 듣고 싶다. 그 취지가 위원부탁이라는 것이 아니라 전원위원회의 기회를 열어 전원위원회의 기회로 넘기자는 의미라면 알겠습니다만 그러한 의미가 아닙니까. 그 점을 명료하게 해주기 바랍니다.

("맞다"고 말하는 자가 있음)

24번(曺) : 7번 의원의 말씀대로입니다.

의장(부윤) : 24번의 동의가 있고 거기에 찬성이 있습니다만 이의는 없습니까.

("이의 없음", "이의 없음"이라고 말하는 자 있고, 회의장 소란스러움)

의장(부윤) : 그러면 24번의 동의에 대해 반대하는 분은 기립해주기 바랍니다.

(기립자 없음)

의장(부윤) : 반대가 없다고 인정합니다. 24번 의원의 동의는 성립되었습니다. 그러면 전원위원에 부탁하겠습니다.

9번(森安) : 일반질문의 속행에 관해 …… ('좋다'라고 말하는 자가 있고 웃음소리가 있었다) 부 당국은 지난해 6월 경성부 재원조사위원회 규정을 설치하였고 경성부 일반경제 및 특별경제에 관한 재원 및 이와 관련된 중요사항의 조사 심의를 하기로 했습니다만 이것은 경성부의 재원을 기조로 하여 시설의 완급을 꾀한다는 사항에 관하여 가장 시의적절한 것이라고 생각합니다. 이 위원회의 심의를 바탕으로 답신을 기조로 삼고 아울러 참작하여 이 예산면에 나타난 사항이 있는지 만약 있다고 한다면 그 가운데 중요한 것을 두세 개 제시해 주기 바란다. 그것에 관해 질문을 보류한다는 것을 말씀드린다.

번외(中村) : 부의 일반경제에 속하는 재원을 조사한 결과는 먼저 부민이 부담하는 현상이 어떻게 되어 있는지에 대한 조사를 완료했습니다. 현행 조세에서 개정이 필요한 점이 없는가 하는 점에 관해 상당히 연구를 했습니다만, 결론으로서는 1934년도에는 현상유지일 것이라는 정도에 도달했습니다.

셋째로 신세에 관한 조사를 했습니다. 그에 관해 각종 안을 연구한 결과 앞서 말한 예산강령에도 있는 대로 상품권 발행, 금고세 이것은 잡종세의 하나입니다만 이 두 가지 신세를 창설하는 것이 적당하다는 결론에 도달했습니다. 일반경제의 재원을 조사한 결과는 이상과 같습니다. 그 상세한 것에 관해서는 또 다른 기회에 말씀드리려고 생각합니다.

번외(森) : 지금 질문하신 것은 이 재원조사회의 조사에 의해 어떠한 새로운 시설을 하였는가라는 질문인 것으로 생각됩니다. 방금 번외가 대답하였듯이 재원조사회에서의 조사는 주로 재원 그 자체의 신재원 항목 연구라는 것에 현재 도달해 있습니다. 그러면 1934년도의 시설로 어떠한 것이 드러나고 있는가 이 점에 관해서는 앞서 부윤이 연설하였듯이 부의 발전 상태를 생각하고 또 여러분으로부터 평소 의견으로 갖고 계시는 사항 가운데 가장 필요하다고 인정되는 사항을 여기에 계상할 예정입니다. 그렇게 알아주시기 바랍니다.

30번(波多江) : 나는 가장 처음으로 하나의 더러운 문제를 말하고 싶습니다. 금년도에는 분뇨[屎尿] 운반 마차 전부를 부영의 것을 불하를 마치고 민업으로 하려고 한다고 앞서 설명하였는데 일석이조라고도 말하고 있고 또 부는 희생양을 치르고 게다가 큰 불이익의 희생을 치르면서까지 부(府) 마차의 직영을 존치할 필요가 없다는 것이 적혀 있습니다. 이것은 민영으로 잘 이루어진다면 직영으로 하지 말고 민영으로 하더라고 좋을 것인데 그 결과는 매우 바람직하지 않다고 생각합니다. 이 예산에 드러나 있는 정도를 보더라도 매우 문제라고 생각합니다. 분뇨 운반 마차를 민간에 불하한다는 것은 매우 미미한 일인 것 같지만 미치는 영향은 매우 심대합니다. 첫째로 이 마차를 부(府)가 운영하는 것과 민간이 운영하는 것은 어떠한가라는 것을 살펴보면 부가 운영하는 마차는 말도 좋고 먹이는 사료도 좋은데 민간에서 운영한다면 말고 나쁘고 작업능률도 떨어질 것이 분명하다. 관에서 여러 가지 설비를 하고 하는 것 보다는 경비가 싸게 들 것이고 이미 들었을 것으로 생각하지만 관영을 불하하여 민영으로 하기 위해 약 천 원이 증가하는 것으로 되어 있다. 이것이 첫 번째 부조리입니다. 그렇다면 부는 희생을 치르고 민간에 불하하여 민간이 이득을 보게 하려는 의미일 것이라고 생각합니다. 관영으로 하는 것보다는 민영으로 하는 편이 싸게 든다면 좋겠지만 그렇게 하기 위해 경비를 증액시키고 있습니다.

의장(부윤) : 지금 질문은 예산과 직접 관련되어 있으므로 나중에 해주시기 바랍니다.

30번(波多江) : 이것은 예산을 다루는지 아닌지라는...

의장(부윤) : 예산에 관련되어 있으므로 그때 해주시기 바랍니다.

30번(波多江) : 그렇게 바란다면 예산을 할 때로 연기하겠습니다.

11번(寶諸) : 나는 경성의 발전에 관해 한 마디 말씀드리고 싶습니다. 본년도에 계상된 주요한 문제는 도로의 어느 정도의 개선 확장, 또는 경전(京電)의 기부에 의해 부민관(府民館)의 건설 등 이러한 것이 주된 것이라고 생각하는데 이 정도로는 대경성(大京城)을 건설하는 것에 관해 부족한 느낌입니다. 내지 각 도시의 일을 들어보면 경성의 현재의 부채는 놀랄 정도로 부족하다고 느낍니다. 어차피 개선한다고 하면 적극적으로 빨리 발전시키는 편이 좋지 않을까. 그런데 나는 삼각산 기슭에 수로를 열어 그 물을 매우 불결한 청계천으로 흘러 보낸다면 부(府)의 전염병도 방어하는 것이 가능하지 않을까 생각했습니다. 그리고 부청 앞에 경성국의 앞에 또는 파고다공원 등에 큰 분수를 만들어...

의장(부윤) : 질문의 요점만 부탁합니다.

11번(寶諸) : 부채를 늘려서라고 경성의 경성다운 부분을 크게 발휘하고 싶다는 용기가 당국에는 있는지요. 답변해주시기를 바랍니다.

번외(森) : 지당하신 의견입니다. 가능한 한 그러한 점에 노력하려고 생각합니다.

12번(曾我) : 두 가지 정도 질문합니다. 세입에 있어서는 올해는 소득세에 변화가 있을 것이라고 생각합니다만 1934년도의 예산은 그 변화를 예상한 편성으로 되어 있는지 어떤지요. 그리고 올해 33만 원을 차입하는 것으로 되어 있는데 그러면 부의 총 차입금액은 어떻게 되는지 알려주기 바랍니다.

의장(부윤) : 예산심의 때 하면 안 되겠습니까.

12번(曾我) : 말씀드리겠습니다. 내가 그것을 물어보는 것은 이유가 있습니다. 이것은 일반질문이 아니라고 말씀하시지만 나는 이러한 차입금이 얼마인지는 공개 석상이 아니면 알 수 없고, 이것을 부담하는 40만 부민에게도 잘 알려주기 바랍니다. 위원회로 넘기게 되면 비밀회의가 되므로 이 자리에서 답변해주기를 바랍니다.

번외(中村) : 조만간 실시되는 세제의 개정 관계가 부의 세입예산에 들어가 있는가라는 질문입니다만 실은 국세 체계의 관계가 확정적으로 발표되지 않는 것이기 때문에 여러 가지 예측을 통해 예산을 편성하는 것은 매우 어리석다고 생각합니다. 그러한 방면의 일은 언젠가 실시될 것으로 생각하므로 그때 경정예산을 제출할 예정입니다.

번외(森) : 지금 부의 기채(起債)는 316만 원입니다. 아직 3월 말에 갚은 것이 있어서 4월 1일에는 291만 원, 거기에 새로 33만 원이 추가되게 됩니다.

11번(寶諸) : 도시계획에 관해 질문하고 싶습니다. 최근 자주 부외(府外)를 합병하여 대경성으로 만들자는 소리가 커지고 있는데 작년에도 내가 이 문제를 제기했더니 조례를 만드는 중으로 완성되지 않았기 때문에 질문할 수 없다는 답변이었습니다. 그로부터 이미 1년이나 지났는데 조례는 만들어져 있는데, 나는 빨리 합병하는 편이 좋다고 생각합니다. 늦어지면 늦어지는 만큼 지장을 초래해 곤란하게 되지는 않을까, 당국은 어떠한 생각을 갖고 있습니까.

번외(森) : 부의 구역확장에 관해서는 작년은 도시계획령의 발포를 기다려 행하는 편이 여러 사정으로 보아 형편이 좋고 또 관계 부처에 있어서도 착착 준비를 하고 있는 상황이기 때문에 경성에 있어서 구역확장도 그 발포를 기다려 실시하려고 하고 있다.

(하략-편자)

2. 인천부회 회의록

1) 1931년 6월 1일 인천부회 회의록

항 목	내 용
문 서 제 목	仁川府會會議錄
회 의 일	19310601
의 장	松島淸(인천부윤)
출 석 의 원	後藤連平(1), 加來次夫(2), 神宮朴(3), 鄭泰翊(4), 今村覺次郎(5), 金成運(6), 壬生一夫(7), 金允福(8), 美濃谷榮次郎(9), 大石李吉(10), 板野榮八(11), 增井榮治(12), 伴康衛(13), 代田繁治(14), 李昌雨(15), 金鍾燮(16), 村田阜(17), 趙基鎬(18), 直野良平(20), 結城確次(21), 金淇生(22), 中川哲(23), 吉木善介(24), 淸田三郎(25), 永井房吉(26), 樋渡兼三郎(27), 中條榮藏(28), 孫亮漢(29), 佐藤萬賀(30)
결 석 의 원	吉田秀次郎(19), 增井榮治(12)
참 여 직 원	生田鐵造(부속), 龜田市平(부속), 稻野勝三郎(부속), 關口久次(부속), 塚田正志(부속), 福村萬太郎(부서기), 上田良藏(부서기)
회 의 書 記	
회 의 서 명 자 (검 수 자)	松島淸(인천부윤), 後藤連平(1), 加來次夫(2)
의 안	1.부의장 선거의 건 2.회의규칙 설정의 건 3.인천부 수도 부외 급수 조례 개정의 건 4.청물시장 관리 및 사용조례 개정의 건 5.부제 제29조에 의한 부윤 전결 처분 사항 결정의 건 6.1931년도 부세 호별세의 등급부과율 및 각 납세의무자 등급 결정의 건
문서번호(ID)	CJA0002856
철 명	인천부관계서류철
건 명	인천부수도부외급수조례중개정의건(회의록첨부)
면 수	12
회의록시작페이지	118

회의록끝페이지	129
설　명　문	국가기록원 소장 '인천부관계서류'철의 '인천부수도부외급수조례중개정의건(회의록첨부)'에 포함된 1931년 6월 1일 인천부회 회의록

해 제

본 회의록(총 12면)은 국가기록원 소장 '인천부관계서류'철의 '인천부수도부외급수조례중개정의건(회의록첨부)'에 포함된 1931년 6월 1일 인천부회 회의록이다.

이 회의에서는 인천부 수도의 부외급수에 대한 논의가 이루어졌다. 인천부 주민의 68%는 우물물을 사용한다고 하는데 부외급수의 여지가 있느냐는 질문에 대해 부내 급수는 거의 완비되어 있고 현재, 북면, 장동리, 영등포에 부외급수하고 있는데 경성부 수원지 완성에 따라 인천의 수도는 과잉 양상을 나타내고 있으므로 부외 급수에는 아무런 지장이 없다고 밝히고 있다.

국가기록원 소장 CJA0002856 139-150쪽의 회의록과 중복.

내 용

의안 :
1. 부의장 선거의 건
2. 회의규칙 설정의 건
3. 인천부수도 부외급수조례 개정의 건
4. 청물시장관리 및 사용조례 개정의 건

5. 부제 제29조에 의한 부윤전결처분사항 결정의 건
6. 1931년도 부세 호별세의 등급부과율 및 각 납세의무자 등급 결정의 건

의장 : 지금부터 인천부회의 첫 회의를 개회함(오후 1시 30분)
(중략-편자)

회의 규칙이 설정될 때까지는 관례에 따라서 의사를 진행하는 것으로 하겠습니다. 먼저 지금부터 추첨에 의해 의석을 정하고자 생각합니다. 이의 없으십니까.

(이의 없음)

의장 : 그러면 추첨을 하겠습니다.

(번외 塚田, 上田 각 의원에게 추천 용지를 임의로 추첨시킴)

의장 : 추첨에 의해 의석이 정해졌으므로 말씀드립니다.

(명단 생략-편자)

의장 : 지금부터 의사에 들어가겠습니다. 의사 순서대로 하여, 부의장의 선거를 무기명 투표에 의해 결정하는 것이 어떻습니까.

(이의 없음)

(번외 塚田, 上田 투표용지를 배부함)

의장 : 지금 전부 투표가 끝났습니다. 전부 27표입니다. 지금부터 개표합니다. 1번 의원, 29번 의원 두 분에게 입회를 희망합니다.

의장 : 지금부터 개표 결과를 말씀드립니다.

(개표결과 명단 생략-편자)

의장 : 부의장은 後藤連平 씨로 결정되었습니다.

(박수. 後藤 씨 의원 일동에 인사함)

의장 : 다음은 회의규칙 설정 건을 의제로 올립니다. 회의규칙은 7명의 기초 위원을 선거하여 안을 만드는 것이 어떻습니까?

(이의 없음)

의장 : 그러면 7명의 회의규칙 기초위원을 무기명 연기투표로 선거하면 어떻습니까?

(이의 없음)

의장 : 그러면 선거를 희망합니다.

(번외 塚田, 上田 투표용지를 각 의원에게 배부함)

의장 : 지금 투표를 끝냈으므로 개표하는데 2번 의원, 30번 의원에게 입회를 요청합니다.

번외(生田) : 선거의 결과를 말씀드립니다.

〈위원 명단생략〉

이하 생략합니다.

의장 : 개표의 결과는 이상과 같으므로 後藤連平 氏, 金允福 氏, 後藤連平 氏, 衫野榮八 氏, 代田榮治 氏, 伴康衛 氏, 直野良平 氏, 吉木善介 氏 7명으로 결정되었습니다. 또한 지금 14번 의원이 부제 제15조에 따른 출납검사 위원 규정을 제정하려는 동의가 있었습니다만, 본 건은 먼저 선거를 행한 회의규칙 기초위원이 겸하도록 부기, 기초하는 것으로 하면 어떻습니까?

(이의 없음)

의장 : 그러면 의제 1호 인천부 수도 부외 급수 조례 중 개정 건, 의제 2호 청물시장 관리 및 사용 조례 중 개정 건 및 의제 3호 부윤 전결 처분 사항 결정 건을 상정 합니다. 제1 독회입니다.

번외(生田) : 의제 1호는 사무의 간편하고 민첩함을 도모하기 위해 제안한 것입니다. 의제 2호는 예산에는 그 수입을 반드시 개재해야 하는 것에 따라 그 심의 결정으로서 사용료율도 결정하는 것으로 간주하여 별도 제안의 번거로움을 생략하는 의미로서 제안한 것입니다. 의제 3호는 부제 제29조에 따라 부윤의 전결 사항을 정해두려고 하는 것입니다.

6번(金成連) : 시흥군 북면에 대해서는 현재 급수하고 있다고 생각합니다만 어떻습니까?

번외(生田) : 북면으로 되어 있습니다만, 현재는 통칭 노량진만 급수입니다.

6번(金成連) : 겨우 두, 세 집(軒)을 위해 개정하려고 하는 것인지 또는 장래의 증가를 예상하고 있는 것입니까?

11번(杉野) : 현재 노량진에 급수하고 있습니다만.

부윤 : 두 집만 급수하고 있습니다. 장래의 증가를 예측하여 제안한 것입니다. 지금 이 부근에는 대욕장(大浴場)이 건설 중으로 이것이 실현되면 급수료에 있어서도 상당 증수가 될 것이라고 생각하고 있습니다.

1번(後藤) : 6번 의원의 질문은 경성의 시가 계획과 관계가 있는 질문인 듯 생각합니다만.

부윤 : 경성의 장래 도시 계획과는 하등의 관계가 없습니다.

8번(金允福) : 수원지 부근의 사람에게도 수도를 잘 이용하게 해주었으면 합니다.

17번(村田) : 부내의 급수는 완비되어 있는지 아닌지. 또한 현재 부외 급수는 북면(北面) 및 장동리(長童里)의 외부 몇 곳에 급수하고 있습니다만.

번외(福村) : 부내에는 현재로는 거의 완전하다고 생각합니다. 또한 부외는 북면 및 장동리의 외에 영등포입니다.

17번(村田) : 부내의 급수가 완전하다고는 생각하지 않습니다. 부외 급수는 종래의 자문 시대에조차 협의회의 자문을 거쳤던 것을, 부

제 개정인 지금 부윤의 전결에 맡기는 것은 불가하므로, 본안은 철회하였으면 합니다.

24번(吉木) : 북면에 새롭게 급수한다고 하면 공사비 및 수입과의 관계는 어떻게 됩니까?

번외(福村) : 공사비는 피급수자의 부담인 것입니다. 수입은 대체로 5,300원을 예상하고 있습니다.

17번(村田) : 본안은 단순히 북면이라서 문제가 많다고 생각하는 것을 노량진으로 지정하는 것은 어떻습니까. 전에 제가 동의한 것은 취소합니다.

16번(金鐘燮) : 신문에 의하면 부 내부 주민의 6할 8보는 우물물을 사용하고 있다고 하는데 장래 이러한 주민이 수돗물을 사용한다고 해도. 또 부 외부에 급수의 여지가 있습니까.

번외(福村) : 현재에는 충분 여유가 있다고 생각하고 있습니다.

('진행, 진행'이라는 소리 나옴)

의장 : 그러면 이에 따라 위의 3안과 제2 독회에 들어가겠습니다.

17번(村田) : 부내의 급수는 아직 완전하다고 말하는 것은 불가능합니다. 이것은 크게 고려해야 할 일이지만 노량진은 수도의 본고장임에도 급수하지 않으면 안 된다고 생각합니다. 이러한 점은 하등 반대하는 것은 아니나 부외의 급수에 있어서는 종래라고 해도 부 협의회의 자문을 거쳤던 것을 부제가 개정된 오늘날 그 전부를 부윤의 전결에 맡기는 것은 부회가 받은 권한을 빼앗은 것과 같으므로 단서 이하를 삭제해주길 바랍니다.

6번(金成連) : 17번 의원의 의견에 찬성합니다.

1번(後藤) : 본원은 원안에 찬성합니다. 부외 급수에 대해서 일일이 이를 부회의 의결에 따른다고 하는 것은 귀찮기도 하고 또한 경제상 생각해도 불가능합니다. 그러나 당국이라고 해도 이번에 제안된 지구 이외에 급수하는 경우에는 당연히 본회의 승인을 구하는 것이라고 생각합니다.

16번(金鐘燮) : 본원은 17번 의원에 찬성입니다. 이유로는 인천은 현재 대인천건설 때문에 그리고 공업지대로서 발달하려고 하는 금일, 부외 급수를 부윤의 전결에 맡기는 것은 불가능하다고 생각합니다. 현재로서 부내의 급수는 충분하다고해도 장래에는 알 수 없으므로 본원은 본안에는 찬성할 수 없습니다.

번외(生田) : 수정 의견은 부윤에 맡기는 것이 불가하다고 하는 것 같습니다만, 이사자(理事者)로서 인천의 장래 발달에 대한 충분히 유의하고 있을 생각입니다만, 다미면(多末面)은 부에 인접해 있어서 위생 등에 대해서는 매우 밀접한 관계가 있고, 또한 북면은 당 부의 수원지 소재지로서, 수도에는 가장 연고가 깊은 토지입니다. 그리고 이러한 토지는 또한 장래 발전할 여지가 있는 곳으로, 이 지역 내의 급수에 대해서는 노력하여 민속하게 그 요구에 응하고자 생각하여, 본안을 제안한 것입니다.

11번(杉野) : 본원은 원안에 찬성입니다.

20번(道野) : 본원도 원안에 찬성입니다. 이유는 경성부의 수원지 완성에 따라서 해마다 당 부의 수도는 과잉을 나타내는 현상이 있으므로 부 외부로 급수하는 것은 하등 지장이 없는 것입니다.

17번(村田) : 본원의 의견은 거의 오해받고 있는 듯합니다. 본원은 결코 부외 급수에 반대하는 것은 아닙니다. 오히려 이 점에 대해서는 대찬성입니다. 그러나 부 외부로 급수한다고 하는 것은 지극히 큰 문제라고 생각되므로, 부회의 의결에 의했으면 한다고 주장하는 것입니다.

21번(結城) : 본원은 20번 말에 찬성하고 원안에 찬성합니다.

1번(後藤) : 본원은 부안에 찬성합니다. 이유로서는 부외 급수를 결정하는 경우는 부회의 결의를 거칠 필요가 있다고 생각하지만, 겨우 1,2호에 급수하는데도 일일이 부회를 소집하는 것은 고려해야 할 일이라는 의미로, 결국 본안이 제안된 것이라고 생각하기 때문입니다.

17번(村田) : 일일이 부회를 소집할 필요는 없습니다. 서면 심의의 방법도 있으므로, 본원은 본안에는 찬성하는 것이 불가합니다.

7번(壬生) : 본원은 20번 이야기에 찬성입니다. 그러나 북면이라면 문제가 많다고 생각하므로 지역을 어떻게 한정하면 어떨까 생각합니다.

16번(金鐘燮) : 본원도 부외 급수에 반대하는 것은 결코 아닙니다. 다만 부윤의 전결에 반대하는 것입니다.

27번(樋渡) : 본원도 원안에 찬성입니다.

의장 : 잠시 휴식하겠습니다.(오후 3시 45분)

17번(村田) : 시흥군 북면 노량진리 및 본동리로 수정 후 본안에 찬성입니다.

3번(新宮) : 17번 의원에 찬성입니다.

부윤 : 본안은 시흥군 노량진리 및 본동리라는 의사로 제안한 것이기 때문에 이 이외에 급수할 경우는 부회의 의결을 거쳐 결정한다고 하는 것을 회의록에 남겨 두므로 원안 그대로 본안에 찬성해주시기를 희망합니다.

('찬성, 찬성'이라는 소리)

의장 : 그러면 앞의 3안도 독회 생략 원안대로 가결 확정하는데 이의 없습니까?

(찬성, 찬성)

의장 : 그러면 확정합니다. 다음으로 의제 4호를 상정합니다. 본안은 전원 의원회에서 심의하는 것으로 하면 어떻습니까?

(이의 없음)

의장 : 그러면 전원 위원회에서 부기하는 것으로 결정합니다. 오늘은 이것으로 우선 폐회합니다.(때마침 오후 4시 5분) 회의록 서명 의원은 어떻게 할까요.

16번(金鐘燮) : 서명 의원은 의장이 지명하도록 일임했으면 합니다.

(이의 없음)

의장 : 그러면 1번 의원 및 2번 의원에게 부탁하는 것으로 결정합니다.

번외(生田) : 참고를 위해 말씀드립니다. 화방정(花房町)의 매립지는 화방정 1정목(1町目)이 되었습니다. 그리고 이전에 부협의회의 자문을 거친 공사의 청부 노동력(勞力)의 공급 및 물건의 매매 대차에 관한 조례 중 개정 건은 도지사에게 신청한 바, 도에서 사실이 발생하였을 때 신청하여도 문제가 없다는 의미에서 반려되었습니다. 그 후 진남포 거주의 安河內라는 사람이 규약 신청이 있었고, 게다가 도에 신청을 하여, 가까운 부회도 성립한 것이기 때문에, 그 의결을 거쳐 신청되었으면 한다는 것으로 반려되었기에, 그렇게 이해해주시기 바랍니다.

(하략-편자)

2) 1933년 3월 25일 인천부회 회의록

항 목	내 용
문 서 제 목	仁川府會會議錄
회 의 일	19330325
의 장	松島淸(인천부윤)
출 석 의 원	後藤連平(1번), 加來次夫(2번), 神宮朴(3번), 鄭泰翊(4번), 今村覺次郎(5번), 金成運(6번), 壬生一夫(7번), 金允福(8번), 美濃谷榮次郎(9번), 大石季吉(10번), 杉野榮八(11번), 增井榮治(12번), 代田繁治(14번), 李昌雨(15번), 金鐘燮(16번), 村田宇(17번), 趙基鎬(18번), 吉田秀次郎(19번), 直野良平(20번), 結城確次(21번), 中川哲(23번), 吉木善介(24번), 淸田三郎(25번), 樋渡兼三郎(27번), 中條榮藏(28번), 佐藤滿賀(30번)
결 석 의 원	결원(13번), 金淇生(22번), 永井房吉(26번), 孫亮漢(29번)
참 여 직 원	小野廣吉(부속), 稻野勝三郎(부속), 龜田市平(부속), 塚田正志(부속), 關口元次(부속), 李承宰(부속), 堤熊次郎(기수), 福村萬太郎(부서기), 上田良藏(부서기), 立川周作(부서기), 堅山秀二(부서기), 山田伊策(부서기), 千布高次(부기수), 阿武誠熊(부기수)
회 의 서 기	
회 의 서 명 자 (검 수 자)	松島淸(부윤), 增井榮治(12번), 代田繁治(14번)
의 안	의제1호 1932년도 인천부 세입출예산 경정의 건 의제2호 부세조례 개정의 건 의제3호 공익질옥건축비 및 대부자금 지불을 위한 기채의 건 의제4호 인천부 수산시장건설비 지불을 위한 기채의 건 의제5호 청물시장매수비 지불을 위한 기채의 건 의제6호 인천부 공익질옥조례 설정의 건 의제7호 인천부 수산시장관리 및 사용조례 설정의 건 의제8호 인천부 수산시장 설치 출원의 건 의제9호 공설일용품시장사용조례 개정의 건 의제10호 부동산 처분의 건 의제11호 분뇨수거청부계약 체결의 건 의제12호 1933년도 인천부 세입출예산 결정의 건
문서번호(ID)	CJA0002896
철 명	인천부예산서류

건 명	보고예제5호소화7년도인천부세입출경정예산보고(인천부회회의록첨부)
면 수	31
회의록시작페이지	373
회의록끝페이지	403
설 명 문	국가기록원 소장 '인천부예산서류'철의 '보고예제5호소화7년도인천부세입출경정예산보고(인천부회회의록첨부)'에 포함된 1933년 3월 25일 인천부회 회의록

해 제

본 회의록(총 31면)은 국가기록원 소장 '인천부예산서류'철의 '보고예제5호소화7년도인천부세입출경정예산보고(인천부회회의록첨부)'에 포함된 1933년 3월 25일 인천부회 회의록이다.

이번 인천부회에서는 부유지 매각안에 반대로 첫날부터 대립이 일어났다. 그 상황에 대해 『매일신보』는 다음과 같이 전하고 있다.

"1933년도 예산 등 10여 개 의안을 심의하려는 인천부회는 예정대로 25일 오후 2시 10분에 산수정(山手町) 무덕관(武德館)에서 개최되었다. 출석의원은 25명(결석 3명). 松島 부윤이 의장석에서 개회를 선언하고 의사에 앞서 桶渡 의원으로부터 출납검사에 대한 보고가 있자 첫 발언을 한 村田 의원은 '당국의 인가 지령이 없이 부 당국은 신정(新町) 야채경매시장의 사용료를 징수하였다.'는 사실을 들어 後藤 의원과 아울러 '이는 법치국에서는 용인치 못할 불법행위'라고 부 당국을 추궁하니 의장 小野 번외(番外)는 '사정상 어쩔 수 없다'라고 누누이 진변(陳辯), 항변하였으나 결국 '법규상의 불비는 용인한다'고 굴복하였다. …… 議제10호 부동산 매각의 건(인천 역전공원의 일부 산근

정(山根町) 구 수도사무소 터 외 1필지의 부유지)을 상정했다. 제1독
회에서는 특기할 질의가 없이 잠시 휴게했다가 4시 10분 재개하여 즉
시 제2독회를 하였는데 村田, 杉野 의원 등이 역전 공지를 매각함은
탐승여객(探勝旅客)을 위하여 불편하고 기타에도 찬성치 못할 이유가
있다고 하여 수정의견을 제출, 美濃谷 의원은 '역전공원은 조선인들이
자는 곳으로 이용됨에 불과하니 매각함이 가하다'고 원안을 지지하고
자 하였으나 대세는 수정의견에 기울게 되자 이사자 측은 예산관계의
차질을 두려워함인지? 재차 휴게를 선포하고 휴게 중 역전토지 대신
에 같은 정(町) 매립지의 일부를 매각할 건에 대한 양해를 구한 다음
재개. 의장으로부터 의제10호의 철회를 선포하고 직후 김성운(金成運)
의원이 '역전의 공지는 조선인의 잠자리'라는 실언 문제를 들어 '그 같
은 실언을 방임함은 부당하다'고 의장에게 다그쳤으나 의장은 의제 철
회를 빙자하여 상대하기를 피하고 휴회를 선포하였다."[13]

이 회의록은 국가기록원 소장 CJA0002992 35-63쪽의 회의록과 중복
된다.

내 용

제출의안 :
의제1호~의제12호 (내용 생략-편자)

의장 : 지금부터 부회를 개최합니다.(시각 오후 2시 6분) 현재 출석 21명,
결석 1명, 출결 미정 6인으로 반수 이상입니다. 의사에 들어가기 전

---

13) 「府有地賣却案- 多數反對로 遂撤回 開會初日부터 波瀾이 起伏한 仁川府會 第一日」,
『每日申報』 1933.3.27, 3면.

에 일반 출납검사에 관해 보고를 부탁합니다.

(중략·편자)

의장(부윤) : 출납검사에 관해 질문 없습니까.

('이의 없음' 이라고 말하는 자 있음)

17번(村田) : 검사원에게 질문을 하고 싶습니다. 신정(新町)에 만들어
진 부영 야채시장입니다만 전해들은 바에 따르면 그것은 도(道)의
허가를 받지 않았다는 것이라고 알고 있습니다. 도대체 어떻게 된
것일까요. 그에 대해 당신은 무언가 조사했습니까.

의장(부윤) : 답변합니다. 신정(新町)의 청과물시장은 도의 인가를 받
았습니다. 그렇게 아시가 바랍니다.

17번(村田) : 언제 받았습니까.

의장(부윤) : 3월 16일에 받았습니다.

17번(村田) : 그렇다면 다시 당국에 묻겠습니다. 3월 16일에 허가를 받
았다고 한다면 그 이전에 시장은 무허가였다고 나는 생각하는데 무
허가인 것에 대해 부는 세금을 부과하고 있었다고 들었습니다. 과
연 사실인지 명확히 회답하기 바랍니다.

의장(부윤) : 그것은 무허가였습니다만 감독관청의 묵인을 받아 한 것
으로 이것은 다른 사례도 있습니다. 당연히 사용료는 받아도 지장
이 없다고 생각합니다.

17번(村田) : 나는 이러한 것은 관청이 법규에 따라 직무를 집행한다
면 엄중히 해야 한다, 허가를 얻기 전에 암묵적으로 승낙이 있었다
고 하여 세금을 받는 것은 과연 타당한 것인지, 사례가 있기 때문이
라고 말해도 그 사례는 악례라고 생각합니다. 엄중하게 법률에 따
라 행동하는 관청이 허가가 없는 것에 허가가 있는 것처럼 세금을
받는 것은 중대한 책임이 있다고 생각합니다. 이것은 사례가 있다

고 해서 좋다고 말하는 것은 맞지 않다고 나는 생각합니다. 그러한 일이 있다면 나는 지사를 만나 그 이유를 듣고 싶지만 무릇 법률을 무시하고 그러한 일을 하는 것은 과연 타당한 것인가 회계검사원은 어떻게 생각해 검사를 통과시켰는가. 이번에 다시 질문하고 싶습니다.

27번(桶渡) : 회계검사라고 하여 이에 관해 일단 대답합니다. 지금 의장이 말씀하신 바와 같이 허가가 예정되어 있기도 하고 또 관청의 묵인이라고 말하는 그러한 것이 있었기 때문에 했다. 그리고 징수 방법으로서는 신정(新町)도 용강정(龍岡町)도 따로 구분하고 있지 않다는 대답이었습니다. 그리고 먼저 그 자리는 그러한 상태에 의해 우리는 당국자에게 충분히 그 점은 실수가 없도록 하기 바란다고 말하고 검사를 마친 바입니다.

17번(村田) : 다시 당국에 묻겠습니다. 법률에 의해 집행하는 기관이 법률에 의하지 않고 멋대로 그러한 일을 하는 것에 대해서는 지사의 암묵적 승낙이 있었다면 무언가 증거가 있다고 생각하는데 증거를 확인하고 싶다고 생각합니다. 무언가 서면으로 지령이 왔는지 그것을 보고 책임이 있는 곳을 명확히 하고 싶다고 생각합니다. 부디 확인하고 싶습니다.

번외(小野) : 지금 증거서류라고 질문하셨습니다만 증거서류는 없습니다. 이것이 지금 질문하셨듯이 법규에 근거한 수수료를 취하고 있는지, 인가가 없었다고 한다면 법규를 근거한 수수료가 아니라는 말씀에 대해서는 우리도 경청하는 바입니다. 그런데 이 경매[糴]시장이 만들어져 위탁판매, 즉 대행자가 지사의 인가에 의해 만들어진 경우에 있어서는 당연히 인가가 없다면 경매행위를 할 수 없다. 따라서 수수료를 징수할 수 없는 것으로 됩니다만, 이번의 경우는 기설(既設) 시장이고 또 적당한 법규를 바탕으로 허가를 받은 위탁 회사였다. 그 회사가 우연히 현재의 시장 장소가 조금 형편이 나쁘기 때문에 신설하는 절차의 인가를 신청 중이었던 것입니다. 따라서 물론 인가가 되는 것을 기다려 사용할 예정이었습니다만 전화 등으로 주관과와 교섭한 결과 2~3일 사이에 인가할 예정이었다는 말을 듣고 기다리고 있었고 그래서 2~3일 중에는 실제 인가가 나올 것으로 속단하고 사용했던 것입니다.

따라서 증설 회사에 관해서는 인가가 없었다는 것으로 됩니다만 대체적으로 법규에 근거한 회사이고 시장입니다. 그리고 증설한 곳에서 판 금액, 그리고 기설 시장에서 판 금액이라는 것의 구별의 경계는 물론 조사하면 어느 정도까지는 가능할 것이지만 대체로 엄밀한 조가가 불가능하다는 관계에서 그 법규에 근거한 회사의 매상고에 대해 조례가 규정하는 사용료를 받은 것입니다. 증거서류는 없습니다만 이상과 같은 경과입니다.

17번(村田) : 또 질문을 하겠습니다. 전 사장 河野竹之助 시절에 그 필요가 있다고 해서 河野 전 사장이 열심히 도(道)에 운동을 했는데 도의 방침으로서는 시장은 1개소라고 해서 허가를 받을 수 없었습니다. 河野 씨도 운동을 했지만 그것을 이루지 못했다는 사실이 있고 이 회사에 있는 오래된 중역은 모두 그 사실을 알고 있을 터이다. 내락(內諾)을 받고 했다고 한다면 거의 1년이나 반년도 허가가 늦어질 리가 없다고 나는 생각한다. 지금까지 늦어진 것은 그 사이에 여러 사정이 있었던 것은 분명하다고 생각한다. 누가 내락을 주었는가 그것을 나는 분명히 알고 싶다. 지사가 내락을 주었는가, 내무부장이 주었는가, 산업부장이 주었는가. 그것을 듣고 더욱 깊숙이 참고하려고 생각합니다. 누가 내락을 주었는지 이름을 알려주면 좋겠습니다.

번외(小野) : 답변하겠습니다. 나는 도에 갔을 때 산업과에 林部라는 시장에 관계를 하고 있는 기수입니다만 그 사람이 사나흘 중에 나올 예정이라는 내락이라는 것은 아니지만 2~3일 중에 인가가 있을 예정이라는 식으로 털어놓고 이야기했습니다.

17번(村田) : 전에는 내락이 있었다고 말하고 지금은 허가할 것이라는 이야기가 있었다는 것이지만 아무리 지사라 하더라도 허가 전으로 소급해 세금을 취한다는 것은 나는 일본의 법률로서 최악을 방식이고 이것은 실로 용이하지 않은 중대문제라고 생각합니다. 이렇게 말해도 당신들 쪽에서는 정당한 징수방법이라고 단언할 수 있습니까.

의장(부윤) : 지금 17번 의원이 청과물 경매시장의 사용 징수에 관해 여러 가지 질문을 하였는데 앞서 번외가 답변을 한 대로 이것은 지사의 정식 인가는 없었던 것이기 때문에 주무과인 산업과의 계주임(係主任)으로부터 전화를 통해 대체로 내락의 의향을 전달받은 전화가 있었습니다. 그 사이 다소 부정확한 점이 있을 지도 모르지만 당초 산업과의 내락…산업과는 도 내부에서 도의 공식 의견을 결정하여 내락을 받았다는 식으로 나는 생각하게 되었습니다. 그리고 우리로서는 매우 서두르고 있었고 계획도 진전되고 있었기 때문에 그렇다면 해보자고 진행했던 것입니다. 그 뒤 두세 가지 법규상의 관계로 인해 인가가 늦어지고 산업과에서도 여러 번 조사하러 왔습니다. 실제 과장 스스로 조사하러 와서 충분히 가능하다는 것을 인정했습니다. 그 점에서 산업과의 전화 조회를 통해 내락이라는 식으로 받았던 것입니다. 인가가 늦어진 것은 다른 법규상의 관계로부터 경매시장의 건은 앞서 번외가 말씀드린 대로 단지 장소의 확장이고 현재 청과의 경매시장을 하고 있는 용강정의 사장에서는 당초의 장소를 확장하여 경매시장을 하고 있는 사례가 있었습니다. 청과물의 경매시장을 하고 있습니다만 이것은 빈 땅을 이용하여 하고 있다는 사실도 있습니다. 그 밖에 혹은 광장에서도 경매를 했습니다. 그 취급에 대해 사용료를 징수하고 있기 때문에 이 물산회사의 취급에 대해서 사용료를 징수하는 것은 법규상에 있어서는 어쩌면 불비가 있을 지도 모르지만 결코 부당하지 않다고 생각하고 사용료를 징수했습니다. 인가를 받지 않았다는 점은 매우 유감입니다만 최근 다행히 양해를 얻어 정식으로 인가를 받았습니다. 그렇게 이해하시기 바랍니다.

(하략-편자)

3) 1934년 5월 26일 인천부회 회의록

항 목	내 용
문 서 제 목	仁川府會會議錄
회 의 일	19340526
의 장	永井照雄(인천부윤)
출 석 의 원	後藤連平(1), 神宮朴(3), 今村覺次郎(5), 金成運(6), 壬生一夫(7), 金允福(8), 美濃谷榮次郎(9), 大石李吉(10), 伴康衛(13), 代田繁治(14), 李昌雨(15), 金鍾燮(16), 趙基鎬(18), 直野良平(20), 金淇生(22), 中川哲(23), 永井房吉(26), 樋渡兼三郎(27), 中條榮藏(28), 孫亮漢(29), 佐藤萬賀(30)
결 석 의 원	加來次夫(2), 鄭泰翊(4), 杉野榮八(11), 增井榮治(12), 村田卓(17), 吉田秀次郎(19), 結城確次(21), 吉木善介(24), 淸田三郎(25)
참 여 직 원	小野廣吉(내무과장), 森山淸吾(재무과장), 守山春市(기사), 小山三郎(기수), 難波半藏(서기), 淸野政吉(서기), 塚田正志(부회 서기부속)
회 의 書 記	
회 의 서 명 자 (검 수 자)	永井照雄(부윤), 美濃谷榮次郎(9), 大石李吉(10)
의 안	의제26호 인천부 花町 및 宮町 지역 내 해면매립공사비 계속비 설정의 건 의제27호 1934년도 인천부 세입출예산 추가의 건 의제28호 인천부 花町 및 宮町 지역 내 해면매립공사를 매각할 때 수의계약으로 할 수 있는 조례 설정의 건 의제29호 인천부 花町 및 宮町 지역 내 해면매립지 매각에 관해 조선미곡창고주식회사 취체역 사장 松井房次郎과 계약 체결의 건 의제30호 인천부 花町 및 宮町 지역 내 해면매립지 매각금 적립 및 관리조례 설정의 건
문서번호(ID)	CJA0003015
철 명	각부일반경제예산서류
건 명	회의록
면 수	29
회의록시작페이지	792
회의록끝페이지	820

설 명 문	국가기록원 소장 '각부일반경제예산서류'철의 '회의록'에 포함된 1934년 5월 26일 인천부회 회의록

해 제

본 회의록(총 29면)은 국가기록원 소장 '각부일반경제예산서류'철의 '회의록'에 포함된 1934년 5월 26일 인천부회 회의록이다.

이번 회의는 인천의 산업도로 해안매립지 매각 및 수도, 도로, 하수도 등을 개선하는 이른바 '100만 원 사건안'에 관한 것으로 26일 오후 1시 10분부터 부회의실에서 열렸다. 나가이(永井) 의장은 개회를 선언한 뒤 모두 발언을 하였다. "인천의 발전은 점차 동남쪽으로 늘어나 산업도로 일대는 번영의 중심지가 되는 추세에 있어 그 연안의 매립을 희망하는 자가 격증하고 있다. 이것을 개인에게 맡길 때는 여러 가지 폐해를 수반하기 때문에 1934년도부터 5개년의 계속사업으로 5만 9,832평 3홉을 부에서 매립하고 1만 3,112평을 평당 18원 50전 합계 24만 2,572원에 米倉회사에 선매(先賣)하고 그 대금의 반액에 해당하는 12만 1,286원의 선불을 받아 1934년도에 3천 평을 매립하여 5만 3,300원을 지출하고 잔여금은 별도 적립금으로 보관한다. 점차 매각지의 선불을 받아 1935년 10월 말에 米倉에 대한 부분의 매립을 완료한 뒤의 매립은 각 희망자와 절충을 거듭해 적당히 진행한다. 매립실비 평당 5원 28전을 18원 50전에 매각하더라도 이어서 평당 10원의 포장도로와 하수구의 시설을 하기 때문에 결코 그 차액을 버는 것은 아니며 또 산업도로 해안의 매립지에 인천의 본역을 두고 상점가로 만들려는 기정 방식을 변경하여 전부가 창고 지대가 되는 것이다." 이어서 이와 관련된 의안 제26호부터 제30호까지를 일괄 상정하여 심의에 들어갔는데 몇몇 의원의 질의가 있었으나 원안대로 가결되었다.[14]

내 용

제출의안 :

의제26호 인천부 花町 및 宮町 지역내 해면매립공사비 계속비 설정
　　　　의 건

의제27호 1934년도 인천부 세입출예산 추가의 건

의제28호 인천부 花町 및 宮町 지역내 해면매립공사를 매각할 때
　　　　수의계약으로 할 수 있는 조례 설정의 건

의제29호 인천부 花町 및 宮町 지역내 해면매립지 매각에 관해 조
　　　　선미곡창고주식회사 취체역 사장 松井房次郞과 계약 체
　　　　결의 건

의제30호 인천부 花町 및 宮町 지역내 해면매립지 매각금 적립 및
　　　　관리조례 설정의 건

(상략-편자)

의장(부윤) : 그러면 질문해주시기 바랍니다.

　　이 안은 5개안 모두 약간의 추가예산을 제외하면 매립문제이기 때
　　문에 일괄해 질문해주시는 편이 좋으리라 생각하므로 그러한 예정
　　으로 질의해주기 바랍니다.

15번(伴) : 의안 30호 가운데 조례 조항 제1조에 매립지의 매각대금이

---

[14] 「京畿道, 仁川府會紛糾, 市街中央豫定地を倉庫地帶に變更, 六十萬圓補助申請果し
　　て實現するか」,『朝鮮新聞』1934.5.28, 3면.

라고 되어 있는데 이 매립지의 매각대금은 제1회 계약금을 가리키는 것인가, 그렇지 않으면 전 매각대금을 가리키는 것입니까.

번외(小野) : 이것은 최초의 연도만이 아닙니다. 5개년 계속사업 전부를 포함한 것입니다.

15번(伴) : 그렇다면 적립금에 들어가야 할 것은 매립공사에 들어가야 할 것은 매립공사에 충당하지 않아도 좋다는 것이 됩니다만. 해면 매립사업에 따라 예산을 통해 공사를 하는 이외의 금액을 적립하는 것이 되면 제2조의 '본 적립금은 해당 매립공사비에 충당하고...'라는 것은 조금 타당하지 못한 것으로 생각합니다.

번외(小野) : 그러한 해석이 가능하겠지만 저는 이 매립사업에 의한 매립지의 매각대금은 예산으로 정한 것이고 이 계속사업 속에 예산으로 적립하는 것을 정하고 있습니다. 이 매립공사비, 즉 예산으로 정한 금액 이외는 적립한다는 것입니다.

15번(伴) : 그렇다면 제2회째의 것은 예산에 있는 것만으로 공사를 한다, 즉 그 잔액으로 매립한다는 것입니까.

번외(小野) : 그렇습니다.

13번(生田) : 매립지 5만 9,832평 3합 속에 건축용지 등으로 사용되는 유효지적은 어느 정도입니까.

번외(難波) : 전 매립지가 5만 9,832평 3합이고 그 가운데 도로가 1만 9,917평 3합, 그 나머지 3만 9,915평이 즉 시가지인 토지입니다.

1번(後藤) : 대체적으로 말하면 매각대금은 장래 이동이 발생하는 일은 없겠네요.

번외(小野) : 지금 매각대금에 이동이 발생하는가라는 질문입니다만 이것은 파는 계약문제 관한 것입니까.

1번(後藤) : 그렇습니다.

번외(小野) : 그것은 인도하는 것에는 이동은 없습니다.

1번(後藤) : 대체로 예약 형태로 되어 있습니까.

번외(小野) : 그렇습니다.

번외(小野) : 그렇다면 이러한 것을 질문하고 싶습니다. 며칠 전 부윤이 토목출장소 및 세관, 상공회의소의 담당자를 모이게 해 본년 축계(築繼) 확장을 하기 바란다고 하며 미리 조사를 하도록 하였다. 과연 그렇다면 그 매립지의 구역이 5만 9,832평으로 되어 있는데 나는 이것은 너무 좁은 것이 아닌가 생각한다. 축계가 이루어지면 어쨌든 그 앞쪽은 할 수밖에 없지만 하게 된다면 조금이라도 넓힐 계획은 없는가. 그리고 요네쿠라(米倉)에 대한 매가는 대체로 결정되어 있는 것 같은데 잔여 토지는 그다지 큰 차이가 없다. 처분이 가능한 전망인가. 또 앞서 말한 도로부지 1만 9,917평 3합에 필요한 노면비용은 어느 정도 들 전망인가. 노면에 수반되어 하수 등도 필요할 것인데 이들의 대체적 예산이 정해져 있다면 알려주기 바랍니다.

의장(부윤) : 내가 답하겠습니다. 첫 번째 질문에 관해서는 지금 바로 이 안의 계획이 어떠한가 말하는 것은 불가능하다고 말씀드립니다. 따라서 이 이외의 매립이라는 것에 관해서도 장래의 일을 생각하여 충분히 선처를 할 예정입니다만 이번에 여기에서 더 이상 매립할지에 관해서는 분명하게 말씀드리는 것은 불가능합니다. 그리고 요네쿠라에게 매각한 나머지 땅입니다만 이것은 항만의 수축(修築)이 결정되고 내년도 결정하는 것이 된다면 매립과 항만 수축이 평행하게 됩니다. 그러한 좋은 조건이 이루어지게 될 경우에는 상당히 단가가 오를 것으로 생각합니다. 그렇지만 현상으로서는 다소 18원 50전 보다는 낮아질 지도 모른다고 생각합니다. 그것에 관해서도 그쪽의 발전상황이라는 관계도 있고 사업의 성질상 부가 너무나 이익을 탐

할 수는 없습니다. 부의 공공사업으로서 적당한 가격으로 게다가 부의 장래에 부담을 주지 않을 정도의 매각대금을 가지고 팔고 싶다는 희망을 갖고 있습니다. 이어서 세 번째 질문하신 사업비는 어느 정도 필요한가라는 것입니다만 이 사업비는 충분히 한다면 예정대로 약 30만 원 가까이 필요할 것이라고 생각합니다. 무엇보다 매우 필요한 고급 포장입니다만 혹은 하수 등 다른 것이 완비된 훌륭한 상점가를 만드는 예산으로 했습니다. 이것이 장래 창고지대가 된다고 한다면 어느 정도 차이가 있을 것으로 생각합니다. 대체로 20만 원 정도가 아닐까 생각하고 있습니다. 분명하게 말씀드릴 수는 없지만 대체로 이 정도로 매각대금이 남아 있는 부분으로 이 공사에 충당하려고 생각하고 있고 이에 따라 부가 이익을 얻으려고 하는 계산은 하고 있지 않습니다.

1번(後藤) : 거듭 질문합니다. 대체적인 방침은 매립에 의해 이익을 받는 일은 없다. 대체로 이 매립에 의해 수지(收支)만 맞으면 된다는 것으로 매각가격을 정할 예정입니까.

의장(부윤) : 그것은 조금 다릅니다. 매각가격은 그 근방의 지가 또는 매각 실례 혹은 지료(地料)라는 것을 전제로 하는 것입니다. 대체로 말씀드린 것을 결정한 전제는 평당 1개월 15전 높기 때문에 연에 18원의 1할 계산이라는 계산이 기초가 되어 있는 것입니다.

1번(後藤) : 거듭 질문하고 싶은 것은 대체로 이 안의 5만 9,832평 3합으로 한정한 것은 어떤 이유가 있습니까.

의장(부윤) : 그것은 전 도시계획에서는 없습니다. 시가지계획에 의하여 결정한 안입니다. 그 안에 따라 출원한 것입니다만 총독부 쪽에서 장래 더 이상 매립하면 사업에 영향을 준다는 원칙으로부터 이것에만 한정한 것입니다.

3. 개성부회 회의록

1) 1932년 5월 3일 개성부부회 회의록

항 목	내 용
문 서 제 목	開城府府會會議錄
회 의 일	19320503
의 장	金秉泰(부윤)
출 석 의 원	崔仁鏞(2번), 朴基源(3번), 林漢瑄(4번), 馬玄圭(5번), 崔漢永(6번), 伊藤菊治郎(7번), 山階賢隆(9번), 金正浩(10번), 李英煥(11번), 宮崎金藏(12번), 金志河(13번), 久保田新三郎(14번), 良永猛(15번), 石原博太(16번), 崔益模(18번), 崔大鉉(19번), 金基晃(21번), 水野憲(22번), 高漢承(23번), 朴鳳鎮(24번), 金俊炯(25번), 金永杰(26번), 趙明鎬(27번)
결 석 의 원	李永祐(1번), 朴尙玉(8번), 全昶(17번), 金敎鳳(20번)
참 여 직 원	
회 의 서 기	
회 의 서 명 자 (검 수 자)	金秉泰(부윤), 宮崎金藏(12번), 金基晃(21번)
의 안	의안제4호 개성부 호별세 납세의무자 개인별 등급 결정의 건 의안제5호 개성부 서본정 20-4번지 일반경제 기본재산 처분의 건 의안제6호 1931~1933년도 개성부 상수도공사비 계속연기 및 지출방법 변경의 건 의안제7호 1932년도 개성부 일반경제 세입출예산 추가경정의 건
문서번호(ID)	CJA0002897
철 명	개성부예산서철
건 명	보고예제5호부에관한보고(개성부회회의록첨부)
면 수	18
회의록시작페이지	621
회의록끝페이지	638
설 명 문	국가기록원 소장 '개성부예산서'철의 '보고예제5호부에관한보고(개성부회회의록첨부)'에 포함된 1932년 5월 3일 개성부부회 회의록

해 제

본 회의록(총 18면)은 국가기록원 소장 '개성부예산서'철의 '보고예 제5호부에관한보고(개성부회회의록첨부)'에 포함된 1932년 5월 3일 개 성부부회 회의록이다.

이번 회의는 5월 3일 오후 1시부터 부청 회의실에서 개최하였다. 김 병태(金秉泰) 부윤이 개회를 선언한 뒤 개회 인사를 하였고 참여원과 서기의 보고가 있은 뒤 의안 제4호 개성부 호별세 납세의무자 개인등 급 사정의 건을 상정하고 심의에 들어갔는데 부 당국자의 설명에 의 하면 1932년도의 호별세 총액은 2만 5,000원, 부과 호수 7,106호이고 1호당 부과액은 3월 50전이다. 전년도에 비하여 부과호수 2,466호가 줄어들었고 1호당 부과액은 90전을 증가하였다. 이는 과세한계를 소 득 100원에서 200원으로 개정한 결과라는 것이다.[15]

구체적 내용으로는 호별세 등급과 관련해 인삼경작자에세 삼포 1칸 에 대해 연소득 80전으로 하여 과세하는 것은 생산비에 비해 과하게 산정하고 있다는 질의에 대해 인삼소득에 대해서는 전매국 개성삼업 조함에서 다년간의 실적을 조사하여 추정한 것이라며 양해를 구하고 있 다.

내 용

의안 :

의안제4호 개성부 호별세 납세의무자 개인별등급 결정의 건

---

15) 「開城府會開催 七年度戶別稅等級討議」, 『每日申報』 1932.5.7, 3면.

의안제5호 개성부 西本町 20-4번지 일반경제기본재산 처분의 건
의안제6호 1931~1933년도 개성부 상수도공사비 계속연기 및 지출방
        법 변경의 건
의안제7호 1932년도 개성부 일반경제 세입출예산 추가경정의 건

부윤 : 출석, 결석 의원의 수를 보고하여 개회를 선언함
(중략-편자)
의장 : 본 회의의 참여원으로서 부속 大河內巖, 동 多久和德藏, 동 伊藤亦吉을 임명한다는 뜻 부윤으로부터 통지가 있었으므로, 보고합니다.

다음으로 회의록 서명자는 회의 규칙에 의거하여 출석 의원 중 의석 번호순에 해당하는 것으로 되어 있다는 뜻 말씀드립니다.

배부한 의안 다음과 같음(의안 생략)
부윤 : 1932년도 일반 경제인 부세 호별세의 납세 의무자별 등급 결의안을 상정하는데 있어서 당국의 취한 방침의 개안을 말하고자 합니다.

본년도 호별세의 총액은 25,000원, 부과 호수는 7,160호, 1호당 부과액은 3원 51전으로 전년도에 비교하면 부과 호수에서 2,466호를 줄이고, 1호당 부과액에서는 90전이 증가하였습니다. 이는 과세 한계를 소득 100원에서 200원으로 개정한 결과입니다. 즉 종전 36계급이었던 것을 52계급으로 분류한 결과 부담을 공평하게 분배한 것이 된 것입니다. 따라서 36등급을 분기점으로 하여 윗 계급이 되는 것에 따라 7년도의 1호당 부과액은 점진적으로 6년도보다 증가하고, 아래 계급으로 내려가는 것에 따라 전년도보다 경감되는 결과가 되는 것입니다. 통지해드린 바와 같이 호별세는 소득에 자산, 생계의

정도에 따라 그 과세 등급을 정한 것인데, 이에 관한 직접 간접 자료의 수집과 정리에 대해서는 유감이 없음을 기하기 위해 충분한 노력을 기울인 바입니다.

토지는 전년도에 지가 2할로서 소득을 얻었습니다만, 최근 6개년 간 농작물 수확고와 그 가격을 기초로 하여 이것과 상업 기타 여러 업과의 권형을 고려한 결과 지가에 대해 2할 2푼의 소득을 추정하는 것이 가장 합리적이라고 생각하여 이에 결정한 것입니다.

다음으로 인삼에 대해 한 마디 하자면, 1930년의 수삼 1평당 수입은 6원 31전인 것에 비해 1931년은 5원 17전 즉 1할 8푼의 수입 감소를 보이고 있습니다. 인삼업계에 끼친 타격에 대해서는 각위가 알고계신 것과 같습니다.

따라서 그 부담의 경감을 도모할 필요를 인정하여 1평당 소득을 80전으로 추정한 것입니다.

이상 말씀드린 것 같이 각계 변동에 따른 각자의 수입 증감에 따라서 등급도 현저히 변동을 보일 것이 분명하나, 이와 같은 것은 단지 일시적 현상에 의해 결정한다면 후일 누를 끼칠 우려가 있으므로 기왕 장래를 충분 참작하여 본안을 결정한 바이므로 그러한 점 잘 양찰을 바라는 바입니다. 또한 상세한 것에 대해서는 질문에 응하여 참여원이 설명을 드리도록 할 것입니다. 아무쪼록 신중한 심의 부탁드립니다.

의장 : 본안을 심의하는데 있어서 본 회의에는 일반적인 질문을 받는 것으로 하고 개인별 등급에 대해서는 위원회를 열어 위원 부탁으로 하려는 생각이므로 그렇게 알아두시기 바랍니다.

3번(朴基源) : 각 개인별 등급에 대해서는 위원 부탁이 되었을 때 말씀 드립니다만, 먼저 본년도 묘본 조사에 대해 설명을 듣고 싶다.

번외(伊藤 屬) : 지금 물어보신 점은 매년 9월부터 자료 조사에 착수하여 부내 거주자이고 관외에 토지를 가지고 있는 자는 각각 타 부면을 조사하였습니다. 그리고 영업자, 인삼 경작자 근로 소득자 기타 모두는 호별 마다 조사 또는 서면으로 조회하여 조사를 하였습니다만, 이는 모두 일정한 내규에 의거한 소득 표준액을 정한 것입니다.

3번(朴基源) : 호별세 등급이 전년도에는 5등급이었던 자가 본 년도에는 10등으로 현저히 변동이 있는 경우에는 이는 풍문에 의해 정해진 것인지 혹은 조사 후 정해진 것인지요.

번외(伊藤 屬) : 물어보신 점은 물론 조사한 결과에 따라 정해진 것입니다.

3번(朴基源) : 지금 개인별로 호별세의 등급 내용을 살펴보니 전년도와 그다지 변동은 없습니다. 당 부는 특히 새로운 부이므로 면밀한 조사를 행하여 상당히 부과의 공평을 도모하길 바라므로 인삼 경작자에 대해 삼포 1간에 대해 연 소득 80전으로 한 근거에 대해 설명해주시길 바랍니다.

번외(伊藤 屬) : 원래 소득 수수료(步合)를 정하는 것은 총 평년작에 따르는 것이 원칙이 아닌가 생각하여 물어보신 인삼소득도 이 방법을 취한 것입니다. 예를 들어 인삼가격이 전년보다도 어느 정도 줄었다고 하여 부과율을 갑자기 바꾸는 것은 곤란한 것이므로 등급에는 특별한 변동이 없는 한 어지간한 대변동을 초래하지 않을 계획입니다.

3번(朴基源) : 본원도 인삼경작자의 한 사람입니다. 경험도 얕고 소양도 부족하여 잘 알지 못하지만 어쨌든 인삼에는 이익을 보고 있지 않습니다. 혹자는 상당 수익을 보는 자도 있을 것입니다. 그러나 근년에 이르러서는 이득보다도 손해가 많으므로 동정하지 않을 수 없

습니다. 금일에 1간에 80전이나 과세하는 것은 경작자들은 상당히
곤란하다고 생각하므로 이 점 고려하는 것이 어떻습니까?

번외(伊藤 屬) : 토지도 인삼경작도 수익이 얼마인지 관계없이 자산으
로서 상당 자력이 있다고 인정하여 다소의 소득을 보는 것이 세의
정책상 지당한 것이라고 생각합니다.

3번(朴基源) : 당 부내 거주자로 풍덕(豊德) 수리조합 또는 연해(延海)
수리조합 구역 등에 들어간 토지가 많아 이 몽리 구역 내에 편입된
토지는 상당 수익이 있는 것으로 인정되지만 원래 그 조합비의 부
담이 높으므로 전혀 수익이 없는 것은 물론 토지의 시가까지도 종
래 평당 40~50전 하던 것이 지금은 40~50전의 1할이 되어버렸습니
다.

이 주변의 토지 소득은 어떻게 보았습니까?

번외(伊藤 屬) : 무릇 토지에 의한 수익은 순, 불순의 결과에 따른 것
으로 일정하지 않습니다.

그리고 토지 시가와 같은 것도 전 조선에 걸쳐 조사하여도 일률적
이지 않은 것은 당연한 것으로 이를 전문적으로 조사할 때에는 무
엇보다도 오늘 물어보신 수리조합구역 내의 토지에 대해 고려하는
것은 곤란합니다.

3번(朴基源) : 수리조합구역 내의 토지 수입으로 그 조합비를 부담하
기에도 부족한 토지소유자에 대해 일반적인 토지소유자와 동등하
게 과세하는 것은 매우 불공평하다고 생각합니다.

부윤 : 호별세의 소득 수수료에 대해서는 면 시대와 큰 차이가 없으므
로 삼포와 같은 것도 돈을 버는 자도 없고, 또한 손해인 자도 없지
만. 어쨌든 이것은 풍년작, 평년작, 흉년작의 삼단으로 구분하여 충
분히 참작 후에 적당하다고 믿는 정도까지 연구한 후 정한 것인데,

지금 확실히 1간(間)에 대한 80전의 수입의 유무는 모르지만, 전년
도는 1원이었던 것을 평균액을 조사하여 80전으로 정한 것입니다.
또한 토지의 수입 수수료도 전년도는 2할 5푼이었던 것을 2할 2푼
으로 내린 것입니다. 그리고 수리조합의 몽리 구역 내에 들어간 자
로서도 면적이 큰 자에 대해서는 조금 고려도 한 것입니다. 또한 이
번에 벼 천석을 수확한 자의 경우 완전히 수확한 자와 불완전하게
수확한 자가 있는 것에 대해 완전한 자를 목표로 한 것입니다만, 이
는 위원 부탁이 되었을 때 상세히 알 수 있는 점이라 생각합니다.

23번(高漢承) : 토지소득에 대해서는 법정 지가의 2할 2푼으로 한 근
거를 듣고 싶습니다.

번외(伊藤 屬) : 토지 소득에 대해서는 전조선적으로 법정 지가의 2할
5푼이 보통으로 되어 있는 모양인데, 주로 새롭게 등급을 세분한 결
과에 따른 것입니다. 또한 이에 따라 수수료를 내리면 영업자에게
영향을 미칠 수 있기 때문에 이 점 참고해주시길 말씀드립니다.

4번(林漢埴) : 삼포에 대해서는 이미 전매국 개성 출장소에서 정해진
표준액도 있을 뿐 아니라 원래 삼포는 6년근이 될 때까지는 1간에
대해 생산비가 1원 20전이나 듭니다. 그런데도 부는 그 호별세의 과
율을 1간에 대해 80전도 수익이 있는 자라고 추정하여 과세하였던
것은 매우 불공평하다고 생각합니다. 그밖에 부민은 부채가 있음에
도 불구 세는 전혀 내려가지 않았다고 하는 비난도 있으므로 부 당
국은 상세히 조사를 행하여 일고할 필요가 있다고 생각됩니다.

부윤 : 인삼소득에 대해서는 전매국 개성 출장 취급 개성삼업조합에
서 다년간의 실적을 조사하여 80전으로 추정한 것입니다. 그리고
부채가 있는 자에게는 개인 간 비밀에 속하므로 정직하게 말하는
자는 아마 한명도 없는 것으로 생각되므로, 본인에 대해서가 아닌

타인에 대한 조사를 행하는 등 제종의 사정에 따라 다소 고려를 한 것일 것이므로, 부디 알아주시길 바랍니다.

3번(朴基源) : 각 의원으로부터 별도로 의견이 없으면 본회를 마치고 위원회로 옮기고 싶은 요망입니다만 어떠한가요?

27번(趙明鎬) : 토지 소득자에 대해 예를 들면 작년 9월 중에 연 수입 벼 천석이었던 것을 매각하여 5백석으로 감소하였다고 한다면, 그 500석에 대해 호별세를 부과하는 것이 아닙니까.

번외(伊藤 屬) : 그렇습니다.

의장 : 조금 전 3번 의원이 본회를 마치고 의원부탁으로 하고 싶다는 이야기를 하였는데, 이의는 없습니까.

(이의 없이 만장일치)

의장 : 그러면 위원은 의원 전수로 위원부탁으로 합니다. 다음으로 위원장의 선정방법은 투표에 따라 정하지 않겠습니까.

12번(宮崎金藏) : 위원장의 선정에 대해서는 투표에 따르지 않고 부의장인 10번 위원 金正浩 씨에게 의장이 지명을 바랍니다.

의장 : 지금 12번 의원의 뜻과 같이 위원장을 10번 의원 金正浩 군에게 지명하는 것에 대해 이의 있습니까.

(이의 없이 만장일치)

의장 : 그러면 위원장을 10번 의원 金正浩 군으로 하고자 합니다. 다음으로 본회를 마치고 위원회로 옮길 뜻을 고하고 잠시 휴식을 선언합니다. (오후 2시 45분)

의장 : 속행을 선언합니다. (오후 3시 10분)

의장 : 의안 제5호 개성부 서본정(西本町) 20번지의 4 기본재산처분 건을 부의합니다.

번외(大河內 屬) : 이 건물 소재지는 서본정 개화관(改和館) 앞에 있는 이전에 橫山忠三郞 씨가 거주한 건물로 본안에 대해서는 제안 이유에도 적혀 있는 것처럼 1927년 6월 4일 토지 매수 때 그 지상에 있던 건물로 금70원에 매수한 것입니다만, 해당 건축 후, 상당 년수를 경과하였기 때문에 현재에는 수선 여지가 없고 낡아서 도괴 위험을 느낄 뿐 아니라 그 위치 또한 시가 중앙에 있어 시가의 미관을 손상시키고 장래에 도움이 되지 않는 건물이므로, 지금 이것을 매각 처분하고 해당 매각 대금은 기본재산에 편입하는 것이 유리하다고 사료되는 바입니다.

23번(高漢承) : 부지도 포함하여 처분할 예정입니까

번외(大河內 屬) : 건물만입니다.

3번(朴基源) : 부지는 부 소유지입니까?

번외(大河內 屬) : 그렇습니다.

3번(朴基源) : 말씀드리면 해당 건물 부지에 접하는 공지도 있는 것 같습니다. 장소도 좋고 이 기회에 주임급 사택으로 만들면 어떻습니까.

번외(大河內 屬) : 동정하는 의견에는 뜻을 표합니다만 재원 관계도 있고, 지금은 불가능합니다.

3번(朴基源) : 본안은 매우 충분하다고 생각하므로 독회를 생략하고 원안에 찬성합니다.

(이의 없이 만장)

의장 : 만장 이의가 없으므로, 원안대로 가결 확정합니다.

의장 : 의안 제6호 1931~1933년도 개성부 상수도 공사비 계속연기 및 지출방법 변경 건을 부의합니다.

번외(大河內 屬) : 본안은 제안 사유에도 쓰여 있듯이 현행 계속비 예산은 기산 설계에 기초한 것으로 잠정적인 예산이며, 본년 4월 24일부로 실시 설계 인하가 있었으므로, 해당 설계에 적합하도록 예산

과목 및 지출 방법 변경의 필요가 생겨난 것입니다. 물론 총예산액
에는 이동이 없고 내용에서 약간 차이를 초래하기까지 하였습니다.

14번(久保田新三郎) : 당 부 상수도 부설공사 실시 설계에는 관계 당
국의 취지에 따라 명세하게 만들어진 것이라고 믿습니다만, 다소
이 상수도 부설공사는 영구적 무엇보다 중요한 시설이라고 하는 것
은 말할 것도 없는 것이라고 생각합니다. 현재 당지의 인구는 5만
에 달하여 점차 증가하고 있습니다. 오늘이라면 부 당국에서는 장
래를 충분 고려하여 설계한 것이라고 믿습니다만, 저로서는 급수량
에서 만약에라도 인구가 늘어도 영구적으로 모자라는지 아닌지 걱
정도 있어서, 그 급수할 인구 정도 및 우량통계의 실적을 참고로 듣
고 싶습니다.

번외(原 수도기수) : 지금 물어보신 당부의 급수 구역은 개성부 일대
로서 1930년 말 조사에 따른 본 구역 내의 호구는 호수 9,916호, 인구
48,575명으로 과거 14개년의 인구 통계에 의해 장래의 인구를 예측
산출 한 때에는 공사 완성 후 10년 즉 1943년 말의 인구는 57,600명
에 달할 것이라 추정됩니다만, 이에 내선인의 비율 기타 관계를 고
려하여 급수보급률을 3할 5푼으로 가정하여 계획 급수 인구를 2만
인으로 정하였습니다. 이에 급수량은 평균 1일 1인당 100리터(立突)
즉 1일 총 급수량 2,000리터로서 하계 사용수량의 증가에 대하여 극
도 1일 1인당 150리터 극도 1일 총 급수량 3,000리터가 됩니다만, 현
재의 설계에는 장래 인구증가가 되는 시점의 여유를 두고 있으므로
확장하는 것도 가능합니다.

다음으로 우량 통계의 실적입니다만 이것은 과거 20년간의 우량 통
계에 의한 것으로 1918년 9월부터 1920년 5월에 이르는 21개월간이
최대 갈수기로, 이 사이 강수량은 796.6밀리미터로 그 추정 유출량

은 50,800 입방미터(立米), 그 기간의 소요 급수량은 1,276,000입방미터가 되므로, 그 부족량 425,200입방미터는 이를 저수하는 것이 됩니다.

10번(金正浩) : 수도지에는 하계 때의 홍수에 의한 불결수까지도 저수할 계획입니까. 그렇다면 우리의 위생관계는 어떠합니까.

번외(原 수도기수) : 수원지에 저수할 음료수는 시계와 관계없이 부족하여, 저수할 계획으로, 이에 물은 저수하여 두면 공기 이용상 오염되는 것이 당연합니다만, 이를 흘려보면 깨끗해지므로, 게다가 여과지에서 살균하여 정수가 되고, 유수되어 음료하는 것이 되므로, 위생상에서는 한층 지장이 없습니다.

14번(久保田新三郎) : 상수도 공사가 준공되어 급수 개시 후에 수지는 어떠합니까. 명세서라도 있었다면 듣고 싶습니다.

번외(大河內 屬) : 지금 물어보신 수지 관계에 대해서는 전년 기채 관계회의 때 이미 말씀드렸을 것입니다. 즉 1934~1935년도에는 또는 결원일지도 모르겠으나, 1936년도 이후부터는 수입에 있어 약간의 여유가 있다고 믿습니다.

9번(山階賢隆) : 사무비에서 종래의 주임 기수급 1명을 줄이고 새롭게 촉탁급 1명분을 계상하였습니다만 요약하자면 책임 관념에서 생각하였을 때, 부이원(府吏員)보다도 촉탁은 가벼워서 바람직하지 못하다고 생각합니다. 사업의 만전을 기하기 위해서는 부이원인 주임 기수와 촉탁과의 경중의 차는 어떠한 것입니까.

번외(大河內 屬) : 책임 관념의 문제입니다만 법규적으로는 촉탁에게는 책임이 얕은 것으로 해석하는 것이 타당하다고 생각합니다만, 요는 인간에 따른 것입니다. 다행히도 당부에 채용될 촉탁은 原씨로, 동씨는 책임 관념이 강한 사람이므로 그 점에 있어서는 염려할 것이 없다고 믿습니다. 동군의 경력, 인격 및 환경상 기수로서 두는 것은 미안하기까지 하며, 우대의 의미에서 촉탁으로 변경한 것입니다.

14번(久保田新三郎) : 이번 부이원인 주임 기수 1명을 줄이고 새롭게 촉탁으로 바꾸었다고 말하는 것에 대해서는 본원도 바람직하지 않다고 생각됩니다. 부제 또는 부 조례에서 인정하지 않는 촉탁은 법규상의 부이원이 아니며, 따라서 책임상 가볍게 생각하므로 이에 촉탁으로 변경하는 것은 중지하였으면 합니다.

번외(大河內 屬) : 말씀 당연하다고는 생각됩니다. 그러나 현재 근무하고 있는 原 기수의 인격을 생각해보면 부이원이든 촉탁이든 책임 관념에 있어서는 조금도 차별이 없다고 확신하고 있습니다.

7번(伊藤菊治郞) : 이전 회의에서 부이원 봉급 조례의 일부분을 개정하였던 것도 수도 주임 기수급을 목표로 하였던 것과 같이 생각합니다만, 어떻습니까.

번외(大河內 屬) : 말씀하신 것과 같습니다. 당시 촉탁으로 할 생각을 가지고 있지 않았습니다만, 그 후 사정이 변화되었던 것입니다.

4번(林漢壎) : 본안에 대해서는 그저 항목의 경정이며, 또한 주임 기술자까지도 판명하여 적임자로 인정한 이상은 안심이 되므로 독회를 생략하고 원안대로 찬성합니다.

의장 : 지금 4번 의원으로부터 독회를 생략하고 원안 찬성에 동의하였습니다만 이의는 없습니까.

(이의 없이 만장)

의장 : 만장 이의가 없으므로 독회를 생략하고 원안대로 가결 확정합니다.

의장 : 다음은 의안 제7호 1932년도 개성부 일반 경제 세입출 예산 추

가 경정의 건을 부의하여 시간을 연장합니다. (오후 4시)

번외(大河內 屬) : 본안은 제안 사유에도 쓰여 있듯이 별안으로서 부의하였습니다. 기본 재산의 처분 및 상수도 공사비 계속 연기 및 지출 방법의 변경 및 개선 장병 환영을 위해 요하는 경비 및 부회의원 水野憲 씨 서거에 대해 부에서 증정한 화륜 대금 등 임시 제 잡비를 지출한 후에 예산 추가 경정이 필요하게 되어 제안한 바입니다.

3번(朴基源) 본안은 지극 충분하다고 행각되므로 독회를 생략하고 원안에 찬성합니다.

24번(朴鳳鎭) : 상수도 공사비 중 보상비 100원의 용도는 어떠한가.

번외(大河內 屬) : 용지 매수비 및 가옥 이전 보상비입니다.

24번(朴鳳鎭) : 용지 매수 가격은 어떠한 방법으로 정하였는가.

번외(大河內 屬) : 지파리천(池波里川) 개수 공사 때 매수한 전례를 참작하여 임야는 평당 2전, 경지는 법정 지가의 3배로 매수 예정 가격으로 하였습니다.

의장 : 아까 3번 의원이 독회 생략하여 원안 찬성 동의를 하였습니다만 다른 이의 없으십니까.

(이의 없이 만장)

의장 : 만장 이의가 없으므로 독회를 생략하여 원안대로 가결 확정합니다.

4번(林漢壇) : 본원은 긴급 동의를 제출합니다만 전 당 부 재무계 주임인 河野新一 씨에게 부에서 약간의 기념품을 증정하고 싶다고 생각합니다. 동씨는 부제 실시 당초 부임하여 부 재무행정사무에 진력하여 상당한 공로가 있는 것이 여러분 모두도 알고 있는 점이라 생각하므로 만장 찬의를 바랍니다.

3번(朴基源) : 4번 의원 뜻에 찬성입니다. 재직 연한은 짧아도 새로운 부의 주임으로서 공로가 있는 것으로 부에서 기념품을 증정하는 것은 지극히 괜찮다고 생각합니다.

의장 : 지금 4번, 3번 의원이 전 당부 재무계 주임 河野新一 군에게 개성부로서 약간의 기념품을 정정하고자 말한 의견이 나왔습니다만 어떻습니까.

24번(朴鳳鎭) : 저도 찬성하는 한 사람입니다만 기념품 금액의 제한은 어느 정도로 합니까. 만약 타 부의 사례라도 있다면 참고로 듣고 싶습니다.

번외(大河內 屬) : 타 부의 사례를 말씀드립니다.

원산부 서무주임(부 屬) 4년 3백 원, 재무주임(부속) 2년 5개월 100원, 평양부 서무과장(부속) 3년 11개월 500원, 내무과장(부속) 8년 7개월 1500원, 재무과장(부이사관) 4년 2개월 1200원, 청진부 내무주임(부속) 2년 200언, 재무주임(부속) 1년 100원, 서무주임(부속) 2년 200원, 부산부 내무, 재무과장(부이사관) 3년 1500원, 목포부 1년에 100원 내지 150원으로 되어 있어, 기타 부는 실례가 없는 듯합니다.

24번(朴鳳鎭) : 기념품으로서 증정할 금액에 대해서는 각원 각자 생각이 있을 것이라 생각합니다만 지금 타부의 사례를 참고로 듣는 중 청진부 1개년에 대해 100원 목포부 1년에 대해 100원 내지 150원으로 되어 있습니다. 당 부도 이에 준한 방법이 적당하다고 생각합니다만, 당 부는 새로운 부이기도 합니다. 관계상 그 배의 금액이 필요하다고 생각하므로 저는 300원으로 정하면 좋겠다고 생각하고 있습니다.

(이의 없이 만장)

번외(大河內 屬) : 만장의 의견이므로 전 부 재무계주임 河野新一 씨에게 부에서 기념품비로서 300원을 증정하기로 결정하였습니다만 이는 다시 추가 예산으로서 부윤이 제안할 것입니다만 편의상 지금 제안 중에 추가 예산 중 잡 지출 잡출에 계상한 100원을 증정하는 것으로 가결 확정합니다.

의장 : 오늘은 이로서 폐회합니다. 다음으로 내일 일정은 의안 제4호 1932년도 개성부 호별세 납세 의무자 개인별 부과 등급 결정 건에 대해 위원회를 오후 1시부터 개회할 뜻을 선언합니다. (오후 4시 25분)

(하략-편자)

2) 1936년 8월 26일 개성부회 회의록

항 목	내 용
문 서 제 목	開城府府會會議錄
회 의 일	19360826
의 장	權重植(부윤)
출 석 의 원	金俊炯(1), 李永祐(2), 金志河(3), 久保田新三郎(4), 林良輔(5), 高漢承(6), 金井米一(7), 權寧旭(8), 北野旭央(9), 渡邊道夫(11), 李熙昌(12), 林漢瑄(13), 石原博太(15), 伊藤菊治郎(16), 八木右一(18), 具昌謨(20), 朴玄圭(22), 金正浩(23), 朴尙愚(24), 金泳烋(25), 朴鳳鎭(26), 王世璋(27), 徐懋(28), 崔圭淳(29)
결 석 의 원	朴淳元(10), 林漢租(14), 林憲章(17), 李根泰(19), 崔仁鏞(21), 朴二鉉(30)
참 여 직 원	小野廣吉(내무과장 겸 서무과장), 伊藤亦吉(재무과장), 元濟哲(부속), 金旿東(서기), 杉森貫治(서기)
회 의 書 記	
회 의 서 명 자 (검 수 자)	權重植(부윤), 北野旭央(9), 渡邊道夫(11)
의 안	의제9호 1936년도 개성부 세입출 추가경정예산의 건
문 서 번 호 (I D)	CJA0003145
철 명	개성부대전부군산부일반경제예산철
건 명	보고예제5호 소화11년도경기도개성부세입출예산추가보고(회의록첨부)
면 수	8
회의록시작페이지	175
회의록끝페이지	182
설 명 문	국가기록원 소장 '개성부대전부군산부일반경제예산'철의 '보고예제5호소화11년도경기도개성부세입출예산추가보고(회의록첨부)'에 포함된 1936년 8월 26일 개성부회 회의록

해 제

본 회의록(총 8면)은 국가기록원 소장 '개성부대전부군산부일반경제
예산'철의 '보고예제5호소화11년도경기도개성부세입출예산추가보고
(회의록첨부)'에 포함된 1936년 8월 26일 개성부회 회의록이다.

이번 회의에서는 예산 중 신사비와 관련해 개성신사에 대해 심의하
고 있다. 이날 회의 상황에 대해『매일신보』는 다음과 같이 전하고 있
다.

"지난 26일 오후 1시부터 개성부청 회의실에서는 신임 부윤 권중식
(權重植) 씨가 부임한 이래 처음으로 임시부회를 개최. 출석의원 22명,
결석 8명으로 개회하여 금년도 세입출 추가경정예산을 심의하게 되었
는데 小野 내무과장의 의안 설명이 있은 뒤 박봉진(朴鳳鎭) 씨의 긴급
동의로 전 부윤 이기방(李基枋) 씨에 2천 원의 위로금 증정의 건을 제
의하자 石原 의원의 찬성으로 만장일치로 가결을 보게 되었고 자동차
구입비로 의원과 번외 사이에 문답이 있은 뒤 수도문제로 약간의 질
의가 있었고 종루(鍾樓) 건축에 대하여 심의한 뒤 폐회하였다."[16]

내 용

의안 :

의제9호 1936년도 개성부 세입출 추가경정예산의 건

(상략-편자)

---

16) 『每日申報』 1936.8.29, 5면.

의장 : 의제9호 1936년도 개성부 세입출 추가경정예산을 의제로 붙입니다.

번외(小野 내무과장) : 설명에 앞서 신사비(神社費)에 관해 한 말씀 드리겠습니다. 사실 이번 조선총독부 고시 제440호에 따라 개성신사가 부(府)로부터 폐백(幣帛)을 공진(供進)할 수 있는 신사로 지정되었습니다. 이와 관련해 폐백을 공진할 때 일정한 복장이 규정되어 있으므로 그 비용을 고려하여 일단 원안을 철회하고 수정한 다음 제출하고 싶습니다.

의장 : 지금 참여원의 설명에 따라 일단 의제를 철회합니다.

(의안을 수정)

26번(朴鳳鎭) : 긴급동의를 제출하려고 하는 데 사실 이번에 열린 부회의원간담회 때 전 부윤 이기방 씨에게 위로금을 증정하자는 이야기가 있었는데 이번에 제출된 예산에 계산되어 있지 않은 것 같은데 이번에 함께 수정하고 싶다고 생각합니다. 어떻습니까?

15번(石原博太) : 지금 26번 의원의 긴급동의에 찬성합니다.

(찬성을 외치는 소리가 많음)

의장 : 지금 26번 의원이 말한 대로 긴급동의가 있었고 15번 의원 등의 찬성이 있었으므로 동의 성립을 인정합니다. 따라서 다시 수정한 다음 제출하겠습니다.

(대다수 찬성)

번외(小野 내무과장) : 의안을 수정합니다. 임시부 잡지출 가운데 2종목을 설정해 전 부윤에 대한 위로금 2천 원을 계상하고 또 임시부 세입이월금 2천 원을 증액합니다.

의장 : 지금 수정한 것을 의제로 제안합니다. 그리고 회의규칙에 따라 제1독회를 개최합니다. 어떻습니까.(찬성, 찬성이라고 외침)

9번(北野旭央) : 의안의 내용이 간단 명료한 것 같으므로 1독회, 2독회를 합쳐서 심의하는 것은 어떻습니까.(찬성, 찬성이라고 외침)

의장 : 지금 9번 의원으로부터 1독회, 2독회를 합쳐서 심의하자는 동의가 나왔는데 어떻게 하시겠습니까.(전원 이의 없음)

의장 : 이의가 없는 것 같으므로 찬성으로 인정하고 1독회, 2독회를 합쳐서 심의하겠습니다.

26번(朴鳳鎭) : 임시부 사무비의 자동차 구입에 관해 여쭙습니다. 실은 전에도 두 차례에 걸쳐 도(道) 또는 본부(本府)에서 낡은 자동차를 나누어 받았습니다만 경비가 다단(多端)한 때이기도 하여 지난 번의 사례에 따라 관계 부처의 것을 물려받는 것은 가능하지 않습니까. 물론 지금 잇는 부의 자동차는 이미 수명이 다하고 있는 것은 인정합니다만.

번외(小野 내무과장) : 지금 말씀하신 것에 관해서는 부로서도 그렇게 생각하여 여러 가지 교섭을 했습니다만 본부로부터도, 도로부터도 거절당했습니다. 또 낡은 것은 싸지만 수선비에 휘발류대 등을 합쳐서 생각하면 그다지 경제적이라고 할 수는 없습니다. 그래서 이번에 새로 구입하는 것이 가장 타당하다고 생각하여 계상한 바입니다.

10번(渡邊道夫) : 최근의 경제상황으로 보아 4,500원으로 신품 자동차를 구입하려고 하는 것은 너무 싼 것은 아닙니까. 싼 것도 좋겠지만 파손된다면 곤란하겠지요. 대체 어떠한 자동차입니까.

번외(小野 내무과장) : 구입할 때는 의원 여러분께 다시 상담하려고 생각합니다만 4,500원은 대체적인 계수이고 예산을 집행할 때는 임기 처치를 하려고 합니다. 이 점은 미리 헤아려 주시기 바랍니다.

9번(北野旭央) : 수원지의 초소 410원에 관해 질문합니다. 전년도의 예산에서는 토지건물로 310원이었던 것이 이번에는 건물만으로 410원이 되어 100원이나 증액한 것은 어찌된 것입니까.

번외(小野 내무과장) : 전년도의 건은 예산의 견적이 과소했던 점과 건물 주인이 내놓지 않았기 때문에 매입할 수 없었습니다. 310원 가운데 토지대는 매우 싼 것이고 다른 것은 낡은 건물대입니다만 올해는 신축이기 때문에 410원이 된 것입니다.

7번(金井米一) : 신영비 가운데 종루 건축비 1,500원은 운반비도 합한 것입니까, 아니면 건축비만입니까. 건평은 몇 평입니까.

번외(小野 내무과장) : 1,500원 가운데에는 운반비를 포함한 것입니다. 설계로는 건평이 6평으로 되어 있습니다.

12번(李熙昌) : 권업비 가운데 가내공업 작업장비 중 수선비 230원은 왜 있는 것입니까.

번외(小野 내무과장) : 창유리의 파손수리 및 창에 쇠 격자를 끼우고 또 야간 당직원을 두기로 했으므로 다소 모양을 바꾸는 비목 등입니다.

23번(金正浩) : 가내공업의 성적을 알고 싶습니다.

번외(小野 내무과장) : 강습생은 적을 때 34명, 많을 때는 56명입니다. 금년 1월부터 7월 말까지의 양말 제조량은 3,183다스이며 그 공임이 약 700원입니다. 임금으로서는 1일 최고 66전이고 최저는22전, 평균 44전으로 되어 있습니다.

23번(金正浩) : 최초의 계획대로 여공이 제대로 일하게 되면 기계를 빌려 가정에서 만들게 합니까.

번외(小野 내무과장) : 기계를 가정으로 가지고 가면 능률이 떨어질 우려가 있고 또 기계대금을 반액 부담하게 하는 것도 그들의 가정 상황으로 보아 무리라고 생각합니다. 그러므로 현재 최선의 방책을 연구중입니다.

의장 : 상당히 질문이 있은 것 같은데 의안 제9호에 관한 질문은 없습
니까. 질문도 다한 것으로 보이므로 제3독회로 옮기려고 합니다.

(찬성이라고 외치는 소리가 많음)

의장 : 그러면 제3독회로 옮기겠습니다.

6번(高漢承) : 의안 제9호는 원안에 찬성합니다.

13번(林漢瑄) : 찬성

4번(久保田新三郎) : 찬성

의장 : 6번 의원 등의 찬성으로 원안을 가결 확정하려고 하는데 이의
없습니까.

(전원 이의 없음)

의장 : 이의가 없으므로 원안대로 가결 확정합니다.

(하략-편자)

4. 함흥부회 회의록

1) 1931년 3월 23일 함흥부협의회 회의록

항 목	내 용
문 서 제 목	咸興府協議會會議錄
회 의 일	19310323
의 장	飛鋪秀一(부윤)
출 석 의 원	毛鶴福(2), 蔡容黙(3), 李曦燮(5), 金山福太郎(6), 劉柄義(7), 松村榮三郎(8), 張道河(9), 金夏涉(10), 權宅周(11), 倉掛喜丈(12), 中川亮次(13), 韓相周(14), 大川市二(15), 高倉榮太郎(16)
결 석 의 원	崔相玉(1), 度邊利一(4)
참 여 직 원	川內光次(부속), 中山治朔(부속), 李基純(부속), 高尾良一(부속), 郭應鏞(부속), 劉期泰(부속), 橫田民次郎(부서기), 全悌林(부서기)
회 의 서 기	
회 의 서 명 자 (검 수 자)	
의 안	자문안제1호 1931년도 부 세입세출 예산안 자문안제2호 1931년도부터 1933년도까지 하수개수공사비 계속 연기 및 지출 방법의 건 자문안제3호 하수개수공사비 기채의 건 자문안제4호 묘지 및 화장장비 기채의 건 자문안제5호 경매시장비 기채의 건 자문안제6호 부세 부가세조례 설정의 건 자문안제7호 호별세 조례 설정의 건 자문안제8호 호별세 등급부과율 결정의 건 자문안제9호 특별영업세 및 잡종세 조례 설정의 건 자문안제10호 임시특별부세 조례 설정의 건 자문안제11호 토지평수할 조례 설정의 건 자문안제12호 수입증지 조례 설정의 건 자문안제13호 전염병원 사용 조례 설정의 건 자문안제14호 묘지사용 조례 설정의 건 자문안제15호 경매시장 사용 조례 설정의 건 자문안제16호 1930년도 부 세입세출 추가경정예산

문서번호(ID)	CJA0002826
철 명	함흥부예산서철
건 명	함흥부소화6년도일반경제세입세출예산의건(함흥부협의회회의록첨부)
면 수	12
회의록시작페이지	580
회의록끝페이지	591
설 명 문	국가기록원 소장 '함흥부예산서'철의 '함흥부소화6년도일반경제세입세출예산의건(함흥부협의회회의록첨부)'에 포함된 1931년 3월 23일 함흥부협의회 회의록

해 제

본 회의록(총 12면)은 국가기록원 소장 '함흥부예산서'철의 '함흥부소화6년도일반경제세입세출예산의건(함흥부협의회회의록첨부)'에 포함된 1931년 3월 23일 함흥부협의회 회의록이다.

사회사업 구제사업비와 관련해 궁민구제, 노동숙박소, 그리고 전기사업조사비와 관련해 전기부영문제 등이 심의되었다. 특히 신규사업으로 미두(米豆), 어채(魚菜) 등의 경매[糶]시장 비용이 계상되어 있는데 이것을 어떻게 운영할지가 심의 대상이 되었다. 이를 공영으로 하느냐에 대해 부(府) 측에서는 시장 경영과 경매시장은 별개이며 공동단체에서는 영업행위를 할 수 없다는 입장을 고수하였다.

국가기록원 소장 문서 가운데 CJA0002870 533-544쪽의 회의록, CJA0002870 713-724쪽의 회의록, CJA0002870 945-956쪽의 회의록, CJA0002871 139-150쪽의 회의록, CJA0002871 192-203쪽의 회의록, CJA0002871 406-417쪽의 회의록, CJA0002871 640-651의 회의록, CJA0002871 827-838쪽의 회의록,

CJA0002872 1097-1108쪽의 회의록, CJA0002872 1259-1270쪽의 회의록,
CJA0002933 1027-1038쪽의 회의록과 중복되며, CJA0002948 198-201쪽의
회의록(초록)과 일부 중복된다.

내 용

의안 :
자문안 제1호 1931년도 부세입세출예산안
자문안 제2호 1931년도부터 1933년도까지 하수개수공사비 계속연기
　　　　　　　 및 지출방법의 건
자문안 제3호 하수개수공사비 기채의 건
자문안 제4호 묘지 및 화장장비 기채의 건
자문안 제5호 경매시장비 기채의 건
자문안 제6호 부세부가세조례 설정의 건
자문안 제7호 호별세조례 설정의 건
자문안 제8호 호별세등급 부과율 결정의 건
자문안 제9호 특별영업세 및 잡종세조례 설정의 건
자문안 제10호 임시특별부세조례 설정의 건
자문안 제11호 토지평수할조례 설정의 건
자문안 제12호 수입증지조례 설정의 건
자문안 제13호 전염병원사용조례 설정의 건
자문안 제14호 묘지사용조례 설정의 건
자문안 제15호 경매시장사용조례 설정의 건
자문안 제16호 1930년도 부세입세출 추가경정예산

의장 : 이번의 자문안은 제1호에서 제16호이다. 먼저 제1호 자문안부터 자문하기 바란다.

부윤 : 본 예산안 편성의 취지 및 내용의 개요에 대해 설명한다. 이전에 지방제도가 개정되어 도, 부, 읍은 완전한 의결기관으로서 기구를 인정받은 것이다.

도회를 제외하고 4월 1일부터 실시되는 부, 읍회는 자치기관으로서 제1선에서 법령에 기초하여 나라의 사무 및 특히 지방공공사무의 처리에 종사하게 된 것은 매우 경하할 바이다. 그리고 부에서는 학교조합, 학교비는 부로 통일시키고 종래 학교조합에 속한 사항은 제1특별경제로서 각 교육부회에서 부회의원이 의결하는 것으로 되었다.

당부(當府)는 인구 3만 이상이므로 부회 의원수는 27명으로 함께 부의 의결기관임과 아울러 내지인 의원은 제1특별경제에 속하는 의결에 참여하고 조선인 의원은 제2특별경제에 관한 의결에 참여한다. 그리고 내선인 의원은 어느 쪽이 심하게 적을 경우 적절하지 않으므로 내선인 의원수는 한쪽 의원이 총수의 4분의 1 미만이 될 수 없다고 규정하였다.

이러한 제도 개정을 보았지만 당부로서는 아직 조례 등의 제정에 필요한 것이 많고 이것들은 부회 성립 이전이라 하더라도 가능한 심의 제정함이 적절하다고 인정해 이번에 부의한 바이다.

이어서 예산 편성의 방침에 관해 설명하겠다.

(별지 예산설명서에 있는 대로 설명하다)

이상 개략을 말했는데 각 관항(款項)에 관해서는 질문에 응하겠으므로 잘 심의해주시기 바란다.

의장 : 세출을 일괄해 질문하기 바란다.

11번(權) : 신규사업으로 경매[糶]시장이 계상되어 있는데 이 경영은 개인에게 위탁하는 것인가, 아니면 부에서 직영하는 것인가?

번외(高尾 屬) : 시장의 설치는 부영(府營)이지만 시장 내의 경매 영업은 별개의 행위이다.

11번(權) : 1만 원의 기채를 하려고 하는데 부는 이로 인해 어느 정도 이익이 있는가?

번외(高尾 屬) : 부내에서 매매고를 조사해보았더니 연액 30만 원 정도로 그 반수 15만 원 정도는 경매시장에 출장해야 하지만 이를 적게 견적해 12만 원의 전망하고 그 천분의 10을 사용료로 징수하는 것이다. 그리고 1931년도에는 연도 초기부터 개시하기 어려우므로 예산면에는 6백 원을 계상하였다.

8번(松村) : 본 시장 설치는 실제 출원자가 있어 설치하는 것인가 또는 출원자가 있을 전망이어서 설치하는 것인가?

부윤 : 설치하면 출원자가 있을 것이라고 전망하여 설치한 것이다.

3번(蔡) : 이 때문에 부의 다른 시장에 영향을 일은 없는가? 또 본건은 면(面) 시대부터 논의가 있었던 것이므로 신중히 심의할 필요가 있다.

부윤 : 소매시장이 있는 곳에는 경매시장이 있을 것이고 부의 시장에는 영향이 없겠지만 다른 개인 경영의 경매시장 유사행위에는 당연히 영향이 있을 것이다.

15번(大川) : 경매시장은 가장 필요하며 다른 시장에 영향이 없을 뿐만 아니라 부민으로서는 적지 않은 이익을 누린다. 단, 예산에 1만 원이 계상되어 있는데 이를 5천 원 정도로 해 현 시장 부지 내에 설치하는 것은 어떠한가?

부윤 : 현 시장 부지 내에는 남는 땅이 없다.

5번(李) : 지난번 간담회 때 시장 내의 영업을 공영으로 하는 곳이 없다는 내용을 말했는데 시장규칙에 따르면 공영할 수 있다고 인정된다.

부윤 : 시장 경영과 경매시장과는 별개이다.

번외(高尾 屬) : 시장규칙 제8조의 영업행위를 공공단체가 행할 수 있다는 규정이 없고 또 그 경영은 곤란하다.

5번(李) : 위탁경영으로 하여 그 안정된 곳을 생각해보면 매우 한심하다. 이에 대해서는 무엇보다 신중하게 처치할 필요가 있다. 부윤의 의견을 듣겠다.

부윤 : 5번 의원은 시장경영과 경매행위를 혼동하는 것 같다. 여기에서 제안한 것은 시장규칙 제1조 제3호에 다라 시장을 경영하려는 것이고 같은 규칙 제8조의 행위와는 별개이다. 지금 함흥부가 경매행위를 하는 것은 가능한 것이 아니다. 시장 사용 허가에 있어서는 부회 의원이 의견을 확인하도록 조례에 규정되어 있으므로 나중에 자문을 부탁한다.

8번(松村) : 본 시장 설치에 관한 계산은 어떠한가?

번외(高尾 屬) : 함흥에 모이는 어채의 연액은 35만에서 40만 원이며 그 가운데 경매시장에 오르는 것이 15만 원 정도일 것이나 적게 전망해 12만 원으로 계산해 이것의 사용료 1,200원의 수입을 올려 기채상환액은 원금 1만 원의 13개년부금 1,150여 원이라면 연부금의 재원은 충분하다.

8번(松村) : 어류와 같이 두 번 경매한 것을 공급하는 것이 있을 것이다. 이러한 경우 수요자의 이해는 어떠한가?

부윤 : 고가라면 수요자가 사지 않으므로 몇 번 경매하더라도 관계없다.

13번(中川) : 직업소개소의 실적은 어떠한가?

번외(高尾 屬) : 작년에는 구인수 846명, 구직자수 1,634명으로 그 가운데 소개건수 616건, 취직자수 443인이다. 기타 인사상담 약 500건에 이른다.

13번(中川) : 사회사업비, 구조비로 150원이 계상되어 있는데 현재 총
독부, 도에서도 궁민구제사업에 진력하고 있는 때 150원의 소액으
로 구제의 목적을 잘 달성할 수 있는가?

부윤 : 징세의 사이 질옥, 직업소개소, 행려병자 취급 전염병 예방사업
등 사이에서 극빈하여 구조가 필요하다고 인정되는 자를 발견한 적
이 있다. 또는 경찰 기타로부터 구조가 필요로 하는 것을 안 적이
있다. 이와 같은 자를 본비를 통해 구조하려는 것으로 별도로 은사
진휼 궁민구조자금이 있다. 또 병든 빈곤자에 대해서는 제세회의
시료권을 교부할 수 있으므로 각각의 방도를 통해 구제의 목적을
달성할 수 있을 것으로 인정한다.

13번(中川) : 궁민구조에 대해서는 상당히 고려를 해야 할 것이다. 그
런데 지난번 학교용 책상을 구입함에 있어서 형무소에 특명을 하였
다고 하여 부내의 직공들이 거친 언동에 나서고 있다는 것을 들었는
가? 한편으로 궁민구제의 시설을 계획하고 한편에서 직공들에게 위
협을 가하는 것은 공감할 수 없는 바이다. 이러해서는 부민의 구매
력을 감소시켜 사회의 불안을 초해할 우려가 있다. 가능한 궁민구조
의 의미를 가지고 부내의 동업자에게 청부하게 하기를 바란다.

부윤 : 부의 예산집행에 있어 사회사업 구제사업비는 각기 방도에 사
용해야 할 것이나 기타 일반경제에 있어서는 경제원칙에 따르지 않
으면 안 된다. 경제원칙이란 최소의 노동비를 가지고 최대의 효과
를 올리는 것이다. 이 원칙을 깨는 것은 바로 낭비자일 것이다. 4만
부민에게 충실한 까닭이 아니라고 생각한다. 그리고 학교용 책상,
의자를 형무소에 청부하게 한 경위를 말하면 처음에 부내의 일반업
자에게 견적을 받았으나 우연히 회계계(係)의 책상 위에 형무소의

견적이 있는 것을 보고 업자들이 견적 제출을 거부하였으므로 그렇다면 형무소와 분별할 것을 말했으나 전부가 아니면 이에 응하지 않겠다고 해서 여러 차례 독촉을 하였지만 견적을 하지 않았다. 따라서 어쩔 수 없이 납입기일의 관계도 있어 형무소에 특명하기에 이른 것이다.

나로서는 부내(府內)의 동업자를 배척할 리가 없고 함께 견적을 하게 하려 했지만 이에 응하지 않은 바이다. 가능한 부내 사람에게 청부하게 할 방침이나 그것에만 한정하는 것은 폐해를 일으킬 지도 모른다. 학교용품 등은 그 액수가 근소하지만 다액의 구매에 있어 당업자 몇 사람의 이익과 편리를 꾀해 고가의 것을 구입해 그 부담을 일반 부민에게 부과하는 일이 있다면 그 결과는 어떠할 것인가? 구제사업과는 그 취지를 달리하는 것이므로 일반경비에 대해서는 경제원칙에 따르지 않을 수 없다. 그러나 다른 한편으로 부내에서 당업자의 입장에 관해서도 법규 조례에 저촉되지 않는 한 고려할 작정이다.

5번(李) : 단체의 재정 경리를 경제원칙에 따라 처치하려는 부윤의 의견은 지극히 타당하다. 나는 그에 찬성의 뜻을 표한다. 특히 학교용품을 형무소에 주문하는 것은 어떤가 하는 이야기인데 죄를 속죄하고 있는 자는 오히려 그 심정은 이미 뛰어난 사람일 것이다. 형무소 제품 가운데 헌상품(獻上品)이 되는 물건도 있다고 들었다. 학교용품이 형무소에서 만든 것이라고 해서 조금도 지장이 없다.

8번(松村) : 행정의 입장에서 시가의 최소한도에서 민력 함양상 가능한 한 부내의 업자에게 청부하게 하도록 일반의 고려를 희망한다.

7번(劉) : 부에서 물품을 구입하는데 궁민구제, 사회사업의 의미로 구입해야 하는 것은 아니다. 만약 구제의 필요가 있다면 별도로 시설

해야 할 것이다.

5번(李) : 함흥은 신흥지로써 일반인에게 인식되어 인구의 팽창을 가져왔다. 주택료도 다른 도시에서 보지 못하는 고가로 특히 노동자의 집산이 많으나 이들에 대한 시설은 예산면에 드러나 있지 않다. 내년도에 노동숙박소 등 시설 계획의 의견은 없는가?

부윤 : 본 예산의 편성 방침은 과거 말했듯이 하지 않으면 안 되는 것을 우선하고 하면 옳다고 생각하는 사업을 점진적으로 시설하는 것이다. 그리고 하면 옳다고 생각하는 사업은 많이 있지만 먼저 민력의 부담을 생각하지 않을 수 없으므로 당면한 급히 필요한 것을 먼저 한다.

공동숙박소와 같은 것은 시설은 옳지만 경비가 높은데 비해 그 효과는 미미한 것으로 시설에 있어서는 상당히 고려할 필요가 있다. 현재 조선 각지의 실정은 간이하고 저렴한 숙박소가 이곳저곳에 있어 반드시 공영일 필요는 없다. 신의주에서는 이를 폐지하고 부산에서는 숙박소만으로는 효과가 미미하므로 간이식당 및 인사상담소를 병치하였으나 과연 어느 정도 효과를 거두었는지는 의문이다. 무릇 사회사업은 시설에 있어 상당히 고려를 하여 추진하지 않으면 도리어 정민조장(情民助長)의 폐에 빠질지도 모른다. 앞으로 여러 분과 연구를 거듭해 점차 시설을 추진해가고 싶다.

2번(毛) : 구매 입찰의 경우는 어떻게 취급하고 있는가? 민간에 입찰을 하게 할 경우는 내지인만으로 제한하지 말고 조선인에게도 입찰을 하게 하도록 꾀하길 바란다. 부윤의 의견은 어떠한가?

부윤 : 말씀과 같이 개선하려고 생각한다. 이번의 사정에 관해서는 번외가 말하겠다.

번외(李 屬) : 조선인 측에 대량의 책상, 의자 등의 제작이 가능한가 물어보았더니 가능하지 않다는 내용을 말했으나 만일을 위해 입찰을 하게 했더니 고가였던 사례가 있다.

2번(毛) : 조선인 측에서 학교용 책상, 의자의 제작이 불가능하다고 생각하지 않는다. 앞으로 더 조사해보기 바란다.

3번(蔡) : 임시예시잡출 제조사비 각종사업조사비 2,500원은 소액인 것 같다. 그 내용 및 조사방법은 어떠한가?

부윤 : 전기사업조사비 1,500원, 도시계획조사비 500원, 공원조사비 500원입니다. 그리고 이 조사에 관해서는 그 방면의 사람에게 연구를 위촉한 것으로 도시계획에 대해서는 이렇게 급격히 팽창하는 곳에서는 먼저 도로망을 결정하고 토지의 고저를 정해 부민에게 제시하는 것이 긴급하다고 인정된다. 공원에 관해서는 그 방면의 권위자인 本多 박사에게 위촉할 예정이다.

3번(蔡) : 전기사업조사비는 소액인 것 같다. 또 부민의 희망도 있어 하루라도 빨리 조사를 완료하기 바란다. 또 조사에 있어서는 부회의원도 참여시켜 조사회를 설치하는 것은 어떠한가?

부윤 : 본 금액을 가지고 조사를 완료할 수 있을 전망이다. 또 조사기간은 반년 정도가 필요할 전망으로 부산, 평양에서도 조사회를 설치하지 않고 내부적으로 조사하였다.

5번(李) : 전기문제에 대해 부협의회 소집의 건의안을 제출했음에도 불구하고 오늘날까지 소집하지 못한 것은 매우 유감이다. 본 문제에 대한 부윤의 태도가 완만하지 않은가 생각한다. 또 본건 조사에 관해서는 조사회 설치의 필요를 희망한다.

부윤 : 전기 부영에 대해 태도 완만하다고 칭하고 혹은 조급하다고 말하는 자도 있을 것이다. 무릇 제안을 하는 내용을 기다리지 않고 이를 하는 것은 불가능할 것이다. 특히 본안(本案)은 기초적 숫자를

통해 진행해야 한다. 따라서 부로서는 충분한 조사를 거쳐 부영 실현이 가능할 때까지의 동안에 준비를 진행해둘 필요가 있다.

또 특히 조사회를 설치하지 않더라도 조사의 결과는 부회에 제시하고 또는 위원 등을 세워 의견을 자문할 수 있을 것이다. 대개 이러한 조사는 내용이 밖으로 누설되기 쉬운 것이어서 그 때문에 사업 수행상 지장을 초래할 경우도 있으므로 현재 조사회는 설치하지 않는 것이 좋다고 본다.

15번(大川) : 숫자적인 조사라는 것도 결국은 매수가격의 조사일 것이다. 매수 물건이라 하더라도 전기선, 전동기, 인건비, 재고품 정도의 것으로 1개월의 시간이라면 조사할 수 있다. 조사 결과 채산이 맞는다면 즉각 매수에 나서도록 꾀하기 바란다.

부윤 : 전기사업의 매수 이야기와 같이 간단히 가게 물품을 사는 것 같은 예는 세상에는 하나도 없다. 번거로운 것은 이익환원의 타산에 있다. 이 점은 가장 신중하게 연구할 필요가 있다.

8번(松村) : 전기문제에 관해서는 부영을 허가할지 아닐지가 해결의 열쇠일 것이다. 총독부에서는 현재 허가하지 않을 방침이라고 하면 매수 가능하다고 해도 허가를 받을 성산이 있는가?

부윤 : 출원하지 않으면 분명하지 않지만 허가를 받지 못하면 어쩔 방도가 없다. 부로서는 조사를 진행해 허가의 문이 열리는 날을 기다리는 수밖에 없을 것이다.

의장 : 오늘은 이로써 폐회한다. 내일은 오후 1시부터 개회하는 것으로 한다.(오후 5시 20분)

2) 1931년 10월 7일 함흥부회 회의록

항 목	내 용
문 서 제 목	咸興府會會議錄
회 의 일	19311007
의 장	飛鋪秀一(부윤)
출 석 의 원	森田泰佑(1), 佐田實(2), 國技捨九郎(3), 度邊利一(4), 韓相周(5), 松村榮三郎(6), 韓昌達(7), 吉町石太郎(8), 池田金治郎(9), 林良作(10), 篠崎新(11), 玉置省二(13), 朴鼎鉉(14), 木村重樹(15), 內田半十(16), 蔡容黙(17), 中原正作(19), 大川市二(20), 張道河(21), 倉掛喜丈(23), 李曦燮(24), 高敬軾(25), 毛鶴福(26), 中島新太郎(27)
결 석 의 원	劉柄義(12), 崔相玉(18), 金夏涉(22)
참 여 직 원	中山治朔(부속), 李基純(부속), 高尾良一(부속), 守山春一(부기사), 渡邊忠次郎(촉탁), 宮地榮次(부서기), 全悌林(부서기), 嚴周聖(부서기)
회 의 書 記	
회 의 서 명 자 (검수자)	飛鋪秀一(부윤), 韓相周(5), 松村榮三郎(6)
의 안	의안제8호 1931년도 부 세입출 추가경정예산 의안제9호 하수개수공사비 계속 연기 및 지출 방법 변경의 건 의안제10호 1930년도 부 세입출 결산보고
문 서 번 호 (ID)	CJA0002826
철 명	함흥부예산서철
건 명	소화6년도함흥부세입세출추가경정예산의건(제2회)(함흥부회회의록첨부)
면 수	15
회의록시작페이지	645
회의록끝페이지	659
설 명 문	국가기록원 소장 '함흥부예산서'철의 '소화6년도함흥부세입세출추가경정예산의건(제2회)(함흥부회회의록첨부)'에 포함된 1931년 10월 7일 함흥부회 회의록

해 제

본 회의록(총 15면)은 국가기록원 소장 '함흥부예산서'철의 '소화6년 도함흥부세입세출추가경정예산의건(제2회)(함흥부회회의록첨부)'에 포함된 1931년 10월 7일 함흥부회 회의록이다.

이 회의에 관해『경성일보』에는 다음과 같은 기사가 실려 있다. "지난 7일 함흥부회에서 전기 부영과 함께 함흥의 2대 문제로 상정한 함흥 서부시장 설치문제는 27명의 의원 가운데 한상주(韓相周) 등 19명의 의원이 연서한 의견서를 제출했으므로 채택은 했으나 현재 부의 재정상태로 보아 곧바로 실현하는 것은 불가능하기 때문에 충분히 조사를 한 다음 다시 기회를 보아 논의하기로 당분간 보류하였다."[17]

이 회의록은 국가기록원 소장 문서 CJA0002871 881-985쪽의 회의록, CJA0002872 1449-1463쪽의 회의록과 중복된다.

내 용

부의사항은 다음과 같다.
의안제8호 1931년도 부세입출 추가경정예산
의안제9호 하수개수공사비 계속연기 및 지출방법 변경의 건
의안제10호 1930년도 부세입출 결산보고

부윤 : 지금부터 제3회 부회를 개최한다.
의장 : 출석자 23명이고 결석자 4명 그 가운데 1명은 질병, 1명은 여

---

[17] 『京城日報』 1931.10.15, 4면.

행, 다른 2명은 출결이 불분명하지만 이미 정족수에 달하였으므로 회의를 개회한다.

제8호안 1931년도 부의 출 추가경정예산을 부의한다.

부윤 : 본 추가경정예산은 1930년도 결산 결과를 바탕으로 하수공사비의 추가 등이며 상세한 것은 번외가 설명하도록 한다.

번외(高尾속) : 먼저 세출부터 설명한다. 잡지출의 추가는 함남 중부 발전책을 강구하기 위해 지난번 함흥, 흥남, 서호, 운남 지방의 유지로 연합회를 조직하였는데 그 경비는 관계 부면이 부담하도록 요청하였다. 당 부에서도 이 소요비를 추가하려고 한다. 이어서 통로 개수비의 추가는 지정기부금에 의해 서남시장 도로를 개수하려는 것이고 또 하수공사비의 추가는 1930년도 결산의 결과 이월 증가하는 것이 10,283원 그리고 1931년도 보조금 감액 5,880원을 공제한 4,403원을 추가경정하려는 것이다. 그 재원은 이월금, 보조금, 기부금, 부채 등의 추가경정에 의한 것이다.

1번(森田) : 연합회비의 부담액은 각 부면 당 어느 정도인가.

번외(高尾속) : 대체로 함흥 500원, 흥남 300원, 서호 100원, 운남 50원 합계 950원의 예정이다.

2번(佐田) : 본안은 사안이 간단하므로 독회를 생략하고 결정하기 바란다.

(4번, 11번, 23번 찬성)

의장 : 2번 의원의 동의에 대해 4번, 11번, 23번의 찬성이 있었고 다른 각 의원들도 이견이 없는 것 같으므로 본안은 독회를 생략하고 원안대로 결정하겠다.

(전원 이의 없음)

의장 : 제8호안 1930년도 세입출 추가경정예산은 독회를 생략하고 원

안대로 가결 확정한다. 이어서 제9호안 하수개수공사 계속비의 변
경을 부의한다.

내용은 번외가 설명하겠다.

번외(高尾속) : 본안은 추가경정예산의 하수공사비 추가경정의 사유와
마찬가지로 보조금의 감액 및 1930년도 이월액의 변동에 의해 기정
계속비의 내용 변경을 요하는 것이다.

(吉田 군 출석)

2번(佐田) : 본안 계속비 변경안도 당연하다고 인정되므로 독회를 생
략하고 가결하기 바란다.

(11번, 23번 찬성)

의장 : 본안은 대체로 이의 없다고 인정되므로 독회를 생략하고 원안
대로 결정해도 좋겠는가.

(전원 이의 없음)

의장 : 제9호안 하수개수공사비 계속연기 및 지출방법 변경의 건은 원
안대로 가결 확정한다. 이어서 제10호안 1930년도부세입출결산보고
를 부의한다.

부윤 : 1930년도 부세입출 결산은 지난해 10월 부제 실시에 따라 반년
분의 예산경리로 이 예산은 면 당시의 실적을 기초로 하여 편성된
것이기 때문에 그 결과 여하는 매우 우려하는 바가 있었다. 그렇지
만 부하 직원의 노력에 의해 세입의 수납에 만전을 기함과 동시에
세출도 세심한 주의를 통해 경리하기 위해 지방경제가 부진한 시기
임에도 불구하고 다행히 적자를 내지 않고 28, 094원의 잉여금을 발
생시켰다. 무엇보다 이 가운데 1930년도 사업이월에 관련된 수도확
장공사비의 재원 13,350원, 하수공사비의 재원 783원 등이 있다. 또
1930년도 예산에 계상된 공원시설비의 보류에 의한 잉여금 5,939원

을 포함하더라도 어쨌든 이러한 결과를 얻은 것은 부하 직원의 노력과 의원 각위 편달의 결과라고 생각해 깊이 감사하는 바이다.

24번(李) : 부세결산액은 예산보다 증가했는데 실제 납세 성적은 어떠한가.

부윤 : 부세 결산 가운데에는 면 당시의 승계미수납금을 포함하더라도 부세만의 성적은 조정 43,586원에 대해 수납 40,672원으로 93% 이상의 성적이므로 대체로 중간 정도일 것이다.

14번(朴) : 면 당시의 미납금의 상황은 어떠한가.

부윤 : 승인미수납금 22,774원이고 이 가운데 수납액이 3,122원인데 대체로 수년 전부터 미납이어서 이미 소재 불명 등 인 것이 많다.

20번(大川) : 부세 독려에 종사하는 인원이 몇 명인가. 또 독려에 중점을 두지 않고 체납처분을 하는 것이 가하지 않은가.

부윤 : 자진납뷔自納를 장려하는 것은 물론이지만 전혀 독촉을 하지 않는 것은 아니다. 면 당시의 추세를 점차 개선하고 있다.

번외(宮地書記) : 징수 독촉원은 평소 7명이지만 납기 동안은 재무 담당 전원이 거의 이 일을 맡는 상황이다.

14번(朴) : 공원시설은 언제쯤 실현 예정인가.

부윤 : 그 분야의 권원자인 本多 박사의 현지조사를 의뢰중인데 그 쾌락을 얻어 이번달 하순 함흥에 올 예정이기 때문에 그 결과를 바탕으로 부 재정의 계획 범위 안에서 시설할 예정이다.

24번(李) : 장래 많은 신규사업이 있고 이 재원으로서는 이전부터 문제가 된 전기사업도 적합한 재원일 것이지만 현재 부가 사업중인 것은 수도사업이 될 것이다. 그 수지 상태는 어떠한가.

부윤 : 수도사업의 수지는 1931년도 수입 69,279원, 지출 51,644원 잔여 17,626원으로 이 가운데 기채상환재원 11,418원이 필요하므로 이를

공제한 6,000원 정도는 순잉여가 될 계산이다. 그렇지만 가능한 한 이것을 재원으로 하여 급수 보급을 위해 배수관 연장, 계량기 설치, 기타 개량공사를 시행할 필요가 있다. 또 계량기 사용료도 가능한 한 폐지하려 하고 요금도 내리고 싶다. 또 지방의 불황은 수도료의 증수를 기대하기 어려운 분위기이므로 결국 수도 수입을 신규사업 재원으로 충당하는 것은 곤란할 것이다.

1번(森田) : 본 결산에 대해서는 출납검사위원이 검사를 집행하게 될 것이다. 그 결과를 보고하게 하기 바란다.

의장 : 출납검사위원이 검사의 결과를 보고하기 바란다.

8번(吉町) : 출납검사의 결과를 내가 보고하겠다.

출납검사는 9월 29일 및 10월 2일의 이틀간 시행하였는데 세입출 전반에 걸쳐 장부와 각 증빙서를 대조하여 정밀한 검사를 마쳤는데 모두 부적절한 것이 없음을 확인하였다.

17번(蔡) : 본 결산은 당국의 설명 및 출납검사위원의 보고를 신뢰하여 독회를 생각하고 승인하려 한다.

(2번, 4번, 10번 찬성)

의장 : 17번 의원의 동의에 대해 2번, 4번, 10번의 찬성이 있고 달리 이의가 없는 것 같으므로 본안은 독회를 생략하고 원안대로 승인하기도 결정해도 문제가 없겠는가.

(전원 이의 없음)

의징 : 그러면 제10호안 1930년도 부 세입출결산은 원안대로 승인하기로 결정한다.

10번(林) : 긴급동의를 제출한다. 전에 우리 유지의원이 連署하여 전기사업 부영에 관한 의견서안을 의장에게 제출하였었는데 본안에 대해서는 이미 부 당국에서도 대체적인 조사를 완료하였다고 인정

될 뿐만 아니라 우리가 조사한 결과에서도 유리하고 또 적절한 것
이라고 인정되므로 특별히 본회의에 부의하여 결정하기를 바란다.

의장 : 지난번 林良作 의원 외 19명이 연서(連署)하여 전기사업 부영
단행에 관한 의견서안을 제출하였다. 본안은 부제 제16조에 의해
"부회는 부의 공익에 관한 사건에 관해 의견서를 부윤 등에게 제출
할 수 있다"고 되어 있는 규정에 따라 본안에 대한 부회의 의지를
결정할 필요가 있다.

17번(蔡) : 본안의 토의에 들어가 진에 부 당국의 조사 결과를 보고받
는 것이 매우 편리할 것이다.

6번(松村) : 본안의 동의를 제출한 의원 중에는 전기사업 조사위원 3명
이 있으므로 해당 위원 조사의 결과를 의장(議場)에 보고할 의무가
있다고 생각한다.

24번(李) : 전기사업 조사위원의 선임은 비공식이고 부회는 보고를 요
구할 권리가 없다. 부 당국의 보고로 충분할 것이다.

6번(松村) : 본안 제출자는 전기사업을 부영으로 하기에 충분한 근거
를 아무 것도 제시하지 않아 의견서로써 채결할 가치가 없다고 생
각한다. 따라서 본안의 철회를 희망한다.

4번(渡邊) : 전기사업을 부영으로 하는 것에 관해서는 상당한 자료를
갖고 있으나 그 내용은 매우 수상한 점이 있다. 또 공직자 중에는
함흥을 팔려고 하는 부덕(不德)한 자가 있기 때문에 더욱 경계가 필
요하다. 그러므로 구체적인 내용 발표는 삼가야 할 것이다.

6번(松村) : 공직자 중에는 함흥을 팔려고 하는 자가 있다는 말은 매우
온당하지 않다. 그 이름을 밝혀야 할 것이다. 그렇지 않으면 의원
전부를 모멸하는 것으로 볼 수밖에 없다.

4번(渡邊) : 전기사업의 부영은 부민의 여론이며 이에 반대하는 것은

즉 함흥을 팔려고 하는 자라고 기꺼이 단언한다.

10번(林) : 6번 의원은 의견서의 내용이 공허하다고 하여 철회를 외치 지만 4번설과 같이 이번에 그 내용을 공표하는 것은 적당하지 않다 고 생각한다. 더구나 부영이 단연코 유리하다는 확신과 채임을 갖 고 본안을 제출한 것이다.

(중략·편자)

7번(韓) : 만약 부 당국의 보고를 통해 부영이 불리하다고 할 경우는 제안자는 본안을 철회할 것인가.

10번(林) : 부의 조사 결과가 부영이 불리하다고 보는 것은 상상할 수 없다. 만일 이러한 경우가 있다고 한다면 그것은 무언가 조사의 오 류에 바탕한 것이므로 어디까지나 그 내용을 검토하여 정당한 단정 을 얻도록 노력해야 한다.

24번(李) : 6번 의원은 당초부터 본안에 반대하기 위해 논의를 하고 있 으므로 속해 채결할 것을 희망한다.

의장 : 잠시 휴게한다. (오후 3시 10분)

(오후 3시 15분 재개)

부윤 : 전기사업 부영에 관한 조사 결과를 보고하겠다. 단, 조사 결사 를 바탕으로 한 계수(計數)에 관해서는 앞으로의 조치에 매우 중대 한 영향을 주는 것이므로 이번에 발표를 해서는 안 된다고 생각하 므로 미리 양해하기 바란다.

(중략·편자)

10번(林) : 부의 조사 결과는 우리들의 관찰과 다르지 않다. 부영 채산 이 유리함이 인정된다. 그리고 야마구치현(山口縣)의 전기사업 매 수가격은 정당 관계가 있어 정확한 것이 아니라는 것이므로 참고로

부언한다.

6번(松村) : 부윤은 평양전기사업이 유리하다는 것은 간절히 말했지만 평양과 함흥은 전등 및 동력의 수용수에서 현저한 차이가 있다. 과연 동일한 결과를 얻을 수 있는지 의문이다.

4번(渡邊) : 본안에 대한 논의도 대체로 다했다고 인정되므로 토론을 종결하고 기명투표로 채결하기를 희망한다.

(10번, 17번 찬성)

의장 : 본안의 토론의 종결 및 기명투표에 의한 채결에 대해 찬성자는 기립하기 바란다.

(기립 17명)

의장 : 다수로 인정되므로 토론을 종결하고 바로 기명투표를 통해 본안을 채결하겠다.

또 개표입회인으로 1번, 27번 의원을 지명한다.

의장 : 투표의 결과를 보고한다.

투표수 24표 가운데 찬성 21표, 반대 3표

위 채결 결과 본 의견서는 대다수로 가결되었으므로 부회에서 부윤에게 제출하는 절차를 취하겠다.

(하략-편자)

3) 1931년 12월 3일 함흥부회 회의록

항 목	내 용
문 서 제 목	咸興府會會議錄
회 의 일	19311203
의 장	飛鋪秀一(부윤)
출 석 의 원	森田泰佑(1), 佐田實(2), 國技捨九郎(3), 度邊利一(4), 韓相周(5), 松村榮三郎(6), 韓昌達(7), 池田金治郎(9), 林良作(10), 篠崎新(11), 劉柄義(12), 玉置省二(13), 朴鼎鉉(14), 木村重樹(15), 內田半十(16), 中原正作(19), 大川市二(20), 金夏涉(22), 倉掛喜丈(23), 李曦燮(24), 高敬軾(25), 毛鶴福(26)
결 석 의 원	吉町石太郎(8), 蔡容黙(17), 崔相玉(18), 張道河(21), 中島新太郎(27)
참 여 직 원	川內光次(부속), 中山治朔(부속), 李基純(부속), 高尾良一(부속), 全悌林(부서기), 嚴周聖(부서기)
회 의 書 記	
회 의 서 명 자 (검 수 자)	飛鋪秀一(부윤), 韓昌達(7), 池田金治郎(9)
의 안	의안제11호 성천강 개수공사비 부담금 기채의 건 의안제12호 구북천동면에 차입한 채무 계승의 건 의안제13호 기채 이율 변경의 건 의안제14호 1931년도 부 세입출 추가경정예산 의안제15호 부동산 처분의 건
문 서 번 호 (I D)	CJA0002826
철 명	함흥부예산서철
건 명	함흥부소화6년도세입세출추가경정예산의건(제3회)(함흥부회 회의록첨부)
면 수	15
회의록시작페이지	670
회의록끝페이지	684
설 명 문	국가기록원 소장 '함흥부예산서'철의 '함흥부소화6년도세입세출추가경정예산의건(제3회)(함흥부회회의록첨부)'에 포함된 1931년 12월 3일 함흥부회 회의록

해 제

본 회의록(총 15면)은 국가기록원 소장 '함흥부예산서'철의 '함흥부
소화6년도세입세출추가경정예산의건(제3회)(함흥부회회의록첨부)'에
포함된 1931년 12월 3일 함흥부회 회의록이다.

성천강 개수공사를 위한 기채, 고등학교 용지와 폐도 부지 등 부동
사 처분 문제가 심의되었다. 특히 한방의 채용 관련해, 민중의 희망을
받아들여 한법의(韓法醫)를 채용해오고 있으며 신의술을 싫어하는 민
중에 대해서는 한법의가 치료하도록 하는 것도 전염병의 발견하고 막
아내기 위해 과도적 시대의 한 수단으로 인정하라는 부의원의 요구에
대해 부 당국은 전염병의 발견 등은 검병적 호구 조사에 의해 철저히
하고 또 의사 위생 사상의 보급에 노력하여 신의술을 신뢰하도록 할
것이며 당분간 한법의를 채용할 계획이 없음을 밝히고 있다.

이 회의록은 국가기록원 소장 CJA0002870 591-604쪽의 회의록,
CJA0002872 1429-1443쪽의 회의록과 중복된다.

내 용

의안 :
의안 제11호 성천강 개수공사비부담금 기채의 건
의안 제12호 구 북천 동면에 차입한 채무계승의 건
의안 제13호 기채이율 변경의 건
의안 제14호 1931년도 부세입출 추가경정예산
의안 제15호 부동산 처분의 건

(상략·편자)

의장 : 출석자가 (중략) 개최 정수에 달하였으므로, 이에 회의를 개최함.

먼저 제11호, 제12호 안을 부의함. 의안은 낭독을 생략하고 번외가 설명할 것.

번외(高尾속) : 전년 국비로 성천강 제방수축 공사를 시행하여, 그 경비 일부로 125,000원을 관계 면인 성흥(成興), 북주동(北州東), 남주동(南州東), 3개 면에 부담을 명하여, 1929년도부터 1933년도에 이르기까지 5개년 분납으로 처리하고 있었는데, 작년 부제 실시 결과 구 북주동면의 2개 리는 부 구역에 편입되었기 때문에, 그 지역의 부담에 속하게 되어 부담금은 해당 부에서 계승 납부해야 하는 것으로 도지사로부터 부담 변경 명령이 있었다. 이에 당해 부담금은 기정 계획을 근거로 반액은 특별부과금에 의해, 반액은 기채에 의해 지급을 요하는 것으로 제11호 안과 같이 기채하는 것이 됨.

또한 제12호 안은 구 북주동면에서 4, 5년도 부담금 납부를 위해 기채한 차입금 2,380원 중, 부 편입 구역의 부담에 속하는 부분으로서 458원 42전의 채무를 부로 계승하여 그 상환 의무를 부담하도록 하는 것이 됨.

2번(佐田군) : 본안은 행정구역 변경에 따른 당연한 결과로 봄으로, 독회 생략 채결을 바람.

(7번, 13번, 20번 찬성)

14번(朴군) : 부담액을 정한 근거는 무엇인가?

번외(高尾속) : 본 부담금은 당해 지역 내의 토지, 건물, 호수 등 자력에 비례하여 정한 것인데, 본안도 부 편입 구역의 자력에 안분하여 설정된 것임.

의장 : 본안은 별도로 의견이 없는 것뿐 아니라, 2번의 독회 생략 채결 동의에 대해 7번, 13번, 20번의 찬성이 있으므로, 제11호, 제12호 안은 독회 생략, 원안대로 가결 확정하는 것으로 이의가 없는가.

(전원 이견 없음)

의장 : 전원 이견이 없으므로 제12호의안 성천강 치수공사비 부담금 기채 건 및 제12호 안 구 북주동면의 차입 포함 채무 승계 건은 원안대로 가결 확정함.

다음은 제13호 안 기채이율변경 건을 부의함.

(제13호 안 기채 이율 변경 건, 中山속 낭독)

부윤 : 이 안의 사유대로 본년도 저리 자금은 궁민구제사업자금의 수용이 많으므로, 일반 공공사업 자금으로의 융통 곤란하여, 일시 식산은행 자기자금의 융통에 따라 단기차입을 해 두고, 다른 날 저리 자금의 융통을 받을 수 있다면, 차체(借替)상환하는 것으로 하여 당분간 이율 "6푼 5리"를 "7푼"으로 변경하는 것으로 하여, 이율의 내용은 기채액의 6할 5푼은 연리 6푼 5리, 3할 5푼은 연리 7푼 7리로 연 평균이율 6푼 9리 2모가 됨.

20번(大川군) : 본안은 일반 금융계 긴장에 따른 이자 인상의 영향인가?

부윤 : 일반 경제계의 영향이 없어 완전히 저리자금관계임.

10번(林군) : 차입은 식산은행 이외 조선은행 또는 생명보험회사 등에서 저리 차입이 불가능한가?

부윤 : 식산은행 이외는 저리자금의 융통이 없어, 이에 기채액 및 연한 등의 관계로 인해 식산은행 차입이 유리함.

4번(渡邊군) : 본안도 대체로 이의가 없어 독회 생략 채결하고자 함.

(2번, 11번 찬성)

의장 : 4번의 말에 2번, 11번이 찬성이 있고, 기타 각 원도 대체로 이
　의가 없는 듯하면, 독회 생략 가결 확정에 이의가 없는가?

(전원 이의 없음)

의장 : 전원 이의 없으므로 제13호 안 기채 이율 변경 건은 원안대로
　가결 확정할 것.

의장 : 다음은 제14호 안을 부의함. 본 안은 낭독 생략하고 번외가 설
　명할 것.

번외(高尾속) : 추가 경정 예산의 내용을 개략 설명함.

　먼저 세출 경상부 제4관 수도비는 기사의 채용이 늦어 기수급으로
서 사이에 합쳐졌기 때문에 기술원급의 경정을 요하고, 또한 수도
확장공사 완성에 따라 경상부에 속한사업의 내용이 복잡하고 광범
위하기 때문에, 기술고원 1명 증원을 필요로 하고, 제6관 전염병원
비는 전염병원의 이전 수속이 늦어져 실제 필요에 응하여 향후 3개
월분의 소요비가 경정되는 것이 된다. 다음으로 세출 임시부 제4관
전염병원비는 현 격리병사의 이전 개축은 대부분 국고 보조에 의해
수행될 예정이었으나, 각종 사정에 따라 국고 보조를 얻는데 이르
렀다. 따라서 지방비 보조와 부비에 따라 필요한 한도로 이전하는
것으로 함. 제5관 묘지화장비는 당초 묘지와 화장장은 각 별도로
설치할 예정이었는데, 그 후 위치 선정의 결과 동일 장소에 설치하
는 것으로 변경되었기에 예산도 이를 구분하지 않고 하나로 합쳐
계상하는 것을 경리상 유리하다고 보아, 변경하는 것으로 함. 제11관
청사 영선비는 당초 채난(採暖)장치는 경비 관계상 익년도에 설비
할 예정이었는데, 실제 상황에 응해, 부속사 등의 이축이 익년도로
이월되어, 채난장치를 완성하는 것이 편리하므로, 재원을 안배하여
수행하기로 하였다. 또한 제13관 하천공사비 부담금 및 제15관 부

채는 조금 전 가결되었다. 제11호, 제12호 안의 사안에 따라 본년도 부담금 및 이자의 증액을 요하므로, 또 제16관 잡 지출은 부 장가(章歌) 모집비에서 작곡비가 예정되어 있으므로 다액을 요하는 것이 되므로, 또한 전기사업부영조사비를 새롭게 계상할 필요가 인정된다. 따라서 이상 추가 경정의 소요 재원은 임시특별부세 토석매각대의 부채 등에 따라 지급하는 것이 됨.

부윤 : 청사 스팀은 당초 일부를 본년도에 시행하고 다른 것은 익년도 실시하는 것으로 생각하였으나, 이렇게는 막상 불리하여, 부속사의 이전을 이연(하고), 또한 경상비를 약간 추가하여 총액 5,4000여 원으로 본년도 완성하는 것으로 한다. 또한 공동묘지는 증설하는 것으로 하여 구 묘지는 그대로 존치하는 것이 된다. 신설묘지의 용지는 국유 대부림을 연고자와 교섭하여 1,200원의 보상으로 무상 양여를 받는 것으로 협정하였다. 또한 화장장 부지 및 도로용지도 이미 매수를 끝내 화장조는 원산부와 동형의 석곡식(石谷式)으로 모두 목하 시공 중이다. 다음으로 전염병원에 대해서는 현재의 격리병사는 위치, 설비 모두 나쁘기 때문에 이전 개선을 계획하는데, 이 경비는 본년도 국고 보조를 받을 기회가 없어 먼저 일단은 부비 및 지방비 보조 1,000원으로 이전을 결행할 계획 변경하였다. 또한 행려병인 구호소도 동시에 신설하기로 해 이에 대해서는 1,000원의 국고 보조를 받아 모두 시공 중인데, 그 부지에 대해서는 형무소 용지를 충당하는 것으로 하였는데, 매수는 사정이 허락치 않는다. 어느 개인 소유지와 형무소 용지를 교환시켜 부는 그 개인으로부터 매수하는 것으로 하여 이미 본부의 완전한 양해를 얻어 결정 수속 중에 있다.

20번(大川군) : 전염병원의 건축은 언제까지 준공되는가?

부윤 : 연말 3월말까지 기한으로 계약하였다.

4번(渡邊군) : 전염병원 공사는 신문에 의하면 예산 초과로 일부 설계 변경하려는 모양인데 어떠한가.

부윤 : 당초 설계에는 낙찰되지 않았기 때문에 일부 물치 이전을 중지 하고 또한 토담의 설계를 간이하게 실행하는 것으로 하였다. 본관 병사 등 설비의 실질에는 하등 변경된 것이 없다.

23번(倉掛군) : 전염병원의 부지는 몇 평이 되는가?

부윤 : 1,050평 된다.

20번(大川군) : 총 공사 시행은 매우 지연되어 결빙기에 들어간 것이 다수인데 무언가 적당한 방법이 없는가.

부윤 : 제반 수속에 상당 시일을 요하기 때문에 공사 착수기는 겨울철 에 접어들어 지장이 있으나, 현행 제도로서는 어쩔 수 없다.

2번(佐田군) : 묘지의 사용방법은 어떠한가, 내지인 묘지는 지금 정리 가능하지 않은지.

부윤 : 신설묘지는 구역을 정하여 등급을 만들어, 요금은 1등 2원, 2등 1원 50전, 3등 1원으로 하고, 별도로 무료 묘지를 마련하는 것으로 한다. 또한 내지인 묘지는 공원 구역의 관계상 되도록 이전 정리하 게 할 예정이다.

7번(韓군) : 본년도 하수공사는 아직 착수하지 않았나.

부윤 : 실시설계 인가가 나지 않아 미착수이나 곧 인가될 것이다. 기 채 방법은 이미 인가를 얻었다.

14번(李군) : 전염병 환자는 실제의 10분의 1 정도 밖에 발견되지 않 고, 다수 은폐 환자가 있는데, 사실인지 그 원인을 탐구해보면 1)전 염병원 설비가 불완전한 점 2)진찰의를 기피하는 것 같이 이 때문 에 경성부 전염병원은 박사 원장이 있음에도 불구하고 민중의 희망을 받아들여 한법의를 채용해오고 있어, 신의술을 싫어하는 민중에 대해서는 한법의가 치료하도록 하는 것도 전염병의 발견, 막아내기 위해 과도적 시대의 한 수단으로 인정함. 7년도에 한법의를 둘 의지가 없는가.

부윤 : 병원 설비에 대해서는 이전 개축한 후에는 종래보다 면목을 일신할 것이다. 한법의 건에 대해서는 보통 의사와 함께 양쪽을 두는 것은 경비가 허용되지 않고, 또한 최신 의술로 훌륭히 치료할 수 있음에도 불구하고 일부러 한법의를 두는 것은 치료상 통일에서 보아도 좋지 않다고 생각된다. 전염병의 발견 등은 검병적 호구 조사에 의해 철저히 하고 또한 의사 위생 사상의 보급에 노력하여 신의술을 신뢰하도록 하는 것이 가능하지 않은지. 7년도에 한법의를 채용하는 것은 생각하고 있지 않다. 여러분도 또한 상당히 고려해주길 바란다.

5번(韓군) : 입원 환자에 대해 한법의의 진료를 희망하는 경우는 허가하는가.

부윤 : 치료 통일상 지장이 없는 경우에 한하여 환자의 부담으로 허가하여도 지장이 없을 것이다.

20번(大川군) : 연락도로는 어디에서 축조되고 있는가?

부윤 : 형무소 뒤부터 연락하는 것으로 하여, 형무소와 같이 실행 예정이다.

24번(李군) : 전염병원 촉탁의는 아직 임명되지 않았는지.

부윤 : 후보자는 대체 내정되었는데 병원 설비가 미완성이라 채용되지 않았다.

20번(大川군) : 수도공사에 즈음하여 철관 매설에 실수가 있다는 주장이 있는데 어떠한가?

부윤 : 진열관 앞 철관 매설에 있어 토양 관계상 곤란한 예가 있으나 실수한 사실 등은 없음.

5번(韓군) : 경매(糶)시장은 아직 실현되지 않는가?

부윤 : 기채 인가가 나지 않아 아직 착수되지 않음.

20번(大川군) : 예산과 결산은 실제로 심한 차이가 있기 때문에 세입 부세를 많이 견적해두어, 다대한 미납을 남기는 예가 있는 것 같다.

부윤 : 세출 예산을 과대하게 견적하여 부세를 많이 징수하는 것과 같은 사례는 없다. 현재로서 징세는 가장 엄정하게 집행하고 있다.

4번(渡邊군) : 대체로 의견도 다나온 것으로 인정되므로 독회를 생략하고 표결을 희망함.

(5번, 9번, 12번, 14번 찬성)

의장 : 4번의 의견에 대해 5번, 9번, 12번, 14번의 찬성이 있고 또한 다른 별반 이의 없는 모양이므로 본 안은 독회 생략 원안대로 가결 확정하는데 이의가 없는가?

(전원 이의 없음)

의장 : 그러면 제14호 안 6년도 부 세입출 추가 경정 예산은 원안대로 가결 확정함. 다음은 제15호 안을 부의함.

(의안 제15호 부동산 처분의 건 高尾속 낭독)

부윤 : 부청사의 부지에 대해 각 곳 물색한 결과 고등보통학교 용지를 최적지로 보고 이를 나라에 반환시켜 부청사를 건축하는 것으로 하여 도 지방비는 다대한 희생을 치렀기 때문에 현재 부청 부지를 도에 무상양여하게 되었고 또한 폐도 부지는 토목사업 재원으로서 나라로부터 무상양여를 받은 것으로 연고자에게 불하하려고 한다. 또한 이 평가는 금융업자 3곳에 평가를 의뢰하여 이를 참고로 하고 부내 직원 수 명에게 평가위원을 명하여 심의하도록 한 후 나아가

부회의원 2명을 위촉하여 실지 조사 후 결정하였다.

7번(韓군) : 폐도 부지 중 운흥리(雲興里) 528번 2-11지 평가에 대해 한 마디 의견을 말하고 싶다. 본 건 토지는 1923년 학교조합이 토지 공매 때 경락자 金承明과의 사이에서 분쟁을 일으켜 결국 소송까지 제기시킨 것인데, 당시 도 간부도 이를 우려하여 후일 본 토지를 동인의 소유로 돌려주는 것으로 하여 당시 학교 조합 관리자가 "본 건 토지는 후일 면에서 양여를 받는 경우는 그 가격으로 본인에게 매각한다"는 뜻의 각서를 교부하고 그 후 본인에게 이를 대부하도록 한 것인데, 이러한 경위의 토지이므로 그 평가를 38원으로 하였는데 과혹한 점이 있어 이에 보통 시가에서 보다 상당 짐작하여 정할 필요가 있다고 인정한다.

부윤 : 그 사정은 이미 알고 있고 그리고 이 평가를 정하는데 있어서는 그 사정도 충분 고려하여 결정한 것으로 만약 하등의 인연이 없는 경우에는 50~60원의 가치가 있는 토지로 사료되는 것으로 전술한 사정을 짐작하여 38원으로 결정하였으므로 양해하기 바란다.

14번(朴군) : 폐도부지의 평가는 吉町 군과 함께 위원에 선정되어 실지조사 후 부의 평가로서 적합하지 않다고 인정되는 것에 대해서는 이를 증감 변경하였다. 그리고 지금 문제가 되는 토지의 경위는 본인도 면의 당시 그 사정을 잘 알고 있어 부근의 시가와 비교하여 어느 정도 싼 가격으로 한 것을 타당하다고 인정하여 다른 위원은 증액을 주장하였음에도 부의 평가를 적당하다고 인정하고 그대로 승인한 것이다.

7번(韓군) : 시가로서 높다고 할 수는 없다. 종전 분쟁의 사정과 각서의 교환이 있었던 것 등의 사실로부터 보면 지금 조금 고려되었으면 한다고 말하는 것이다.

부윤 : 당시 학교조합 관리자와의 사이에 각서 교환이 있었다고 하고, 부의 법률상 이에 구속되어야 할 것이 없다. 그러나 종전의 사정을 짐작하여 적당하다고 인정되는 평가를 정한다면 이대로 승인을 희망한다.

7번(韓군) : 부는 면 및 학교조합의 권리 의무를 계승하게 되면 완전히 각서의 효력을 부정하는 것은 타당하지 않다고 본다.

13번(玉置군) : 학교조합 토지 불하 당시 사정에 의해 알고 있으나, 논쟁 내용은 학교조합 측에 책임이 없고 또한 현재 상세를 보면 평가는 오히려 너무 싼 것 같은 느낌이 있다. 이대로 결정하는 것이 옳다.

23번(倉掛군) : 동양리(東陽里) 땅 내의 평가는 너무 높은 감이 있다.

번외(李속) : 평가가 높은 부분은 군영 거리에 연한 부분이다.

19번(中原군) : 서양리(西陽里) 10번지, 2평당 100원은 너무 비싸지 않은가?

번외(李속) : 대화정(大和町)에 면한 부분으로서 상당하다고 봄.

10번(林군) : 폐도 불하 가격은 전적으로 특수한 사정을 말하자면 제한이 없다. 적당한 공정가격을 결정해야 하는 것이다. 이에 본 안은 신중히 심사 후에 평가한다면, 원안대로 승인하고자 한다. 만일 불하 시 실제 심리하는 것이 있다면 재심의 방법이 있을 것이다.

6번(松村군) : 연고자는 다소 무리해서라도 매수해야 한다는 전제로 평가한다면 과혹하다.

부윤 : 이러한 정책하에 평가되는 것은 없다. 비슷한 부근 땅과 비교하여 가장 공정하게 정한 것이다.

16번(內田군) : 풍서리(豊西里) 16번 1은 도로 용지가 되는 경우, 불하할 때는 어떻게 할 것인가?

번외(高尾속) : 도로 용지의 부분은 공제하여 매각하는 것이 된다.

4번(渡邊군) : 운흥리(雲興里) 金承明 관계의 토지는 각서 등의 관계로 부터 보아 지금 조금 감액하면 어떠한가?

부윤 : 운흥리 528번지의 2에 대해서는 각위의 의견도 있고, 그 소위 각서도 보고 고려하고자 하므로 이를 보류해야 한다.

기타 부분에 대해 심의하였으면 한다.

4번(渡邊군) : 기타에 대해서는 대체로 원안에 이의가 없으므로 채결 을 바란다.

(9번, 10번, 14번 찬성)

의장 : 제15호 안은 운흥리 528번지 2의 토지는 보류하고 기타 부분은 독회 생략 원안대로 가결 확정하는 것에 이의 없는가?

(전원 찬성)

의장 : 그럼 제15호 안 부동산 처분의 건은 운흥리 528번 2 토지를 보 류하고 기타는 원안대로 가결 확정한다.

10번(林군) : 부의 공익에 관한 안건에 대해 부회 의원 간에 협의하고 자 하는 사항이 있으므로 잠시 휴식하였으면 한다.

의장 : 잠시 휴식한다(오후 1시 05분)

오후 1시 50분 개회

의장 : 오늘의 의사 심의를 전부를 마쳤으므로 회의는 종료하고자 한다.

부윤 : 이것으로 산회한다. 연말 다망한 시기임에도 중요 안건을 신중 히 심의한 점 깊이 감사한다.

(하략-편자)

4) 1933년 11월 20일 함흥부부회 회의록

항 목	내 용
문 서 제 목	咸興府府會會議録
회 의 일	19331120
의 장	關藤唯平(부윤)
출 석 의 원	森田泰佑(1), 佐田實(2), 韓相周(5), 永島充(6), 韓昌達(7), 申錫定(8), 池田金治郎(9), 米田定治郎(10), 權宅周(11), 玉置省二(13), 朴鼎鉉(14), 木村重樹(15), 齋地健治郎(17), 中原正作(19), 倉掛喜丈(23), 李曦燮(24), 田村武治郎(25), 韓格晩(27)
결 석 의 원	張鶴松(3), 文錫元(4), 劉柄義(12), 內田半十(16), 崔相玉(18), 劉泰皛(20), 金夏涉(22)
참 여 직 원	中山治朔(부속), 武田謹一郎(부속), 濱野長(부속), 守山春市(부기사), 畠中太三(부서기), 矢繼生次郎(부서기), 渡邊忠次郎(부사무촉탁), 武市樹又(부서기), 宮地榮次(부서기)
회 의 書 記	
회 의 서 명 자 (검 수 자)	關藤唯平(부윤), 倉掛喜丈(23), 李曦燮(24)
의 안	의제1호 1932년도 함흥부 일반경제 세입출 결산 보고 의제2호 1933년도 함흥부 일반경제 세입출 추가경정예산
문 서 번 호 (I D)	CJA0002908
철 명	각부결산서
건 명	소화7년도함흥부일반경제세입출결산함경남도(회의록첨부)
면 수	9
회의록시작페이지	1050
회의록끝페이지	1058
설 명 문	국가기록원 소장 '각부결산서'철의 '소화7년도함흥부일반경제세입출결산함경남도(회의록첨부)'에 포함된 1933년 11월 20일 함흥부부회 회의록

해 제

　본 회의록(총 9면)은 국가기록원 소장 '각부결산서'철의 '소화7년도 함흥부일반경제세입출결산-함경남도(회의록첨부)'에 포함된 1933년 11월 20일 함흥부부회 회의록이다.

　이 회의에서는 예산 심의과정에서 성천강(城川江) 개보수에 관련된 보고가 있었다. 성천강 개보수로 인해 수돗물 수원지가 하상(河床) 밖으로 나와 관정(管井)의 용수량에 영향을 미칠 것이 예상되어 하상 안에 보조수원지 공사를 시행할 필요가 발생했기 때문에 공사비로 3만 220원을 추가하는 것으로서 이것은 도(道)에서 전액을 보조받기로 되었다는 내용을 보고하고 있다.

내 용

　의안 :
　의제1호 1932년도 함흥부 일반경제세입출 결산보고
　의제2호 1933년도 함흥부 일반경제 세입출 추가경정예산

부윤 : 지금부터 제21회 부회를 개회하겠습니다. 다망하신 중에도 시간을 내어 출석해 주신데 대해 감사의 말씀을 드립니다. 또한 제출 안건에 대해서는 신중하게 심의해 주실 것을 부탁드립니다.
의장 : 출석의원 수는 26명입니다. 지금부터 오늘의 회의를 시작하겠습니다.
의장 : 의사에 들어가기 전에 제반 보고사항을 말씀드리겠습니다. 먼저 부윤의 통지를 접한 부회 의원 이동의 건을 보고 드리겠습니다.

(서기낭독)

　　　함부내(咸府內) 제2180호

　　　　　1933년 11월 17일

　　　　　　　　함흥부윤

　　　함흥부회 의장 앞

　　　부회 의원 이동의 건 통지

　함흥부회 의원 중 아래와 같이 이동이 있음을 통지하여 드립니다.

　　　　　　기(記)

　　　사임, 사망 의원

　　　　　성명　　　사임 사망 연월일　　　　　사 유

　　　　　張道河　　1933년 9월 15일　　　　　사망

　　　　　毛鶴福　　1933년 11월 14일　사임

의장 : 다음과 같이 부윤이 통지한 이번 회의에 부의 사건 또는 보고
　사건을 보고합니다.

(서기낭독)

　　　함부내 제2180호

　　　　　1933년 11월 17일

　　　　　　　　함흥부윤

　　　함흥부회 의장 앞

　　　　　　제11회 함흥부회에 부의할 사건의 건

　제11회 함흥부회에 부의할 다음 사건은 별지와 같으므로 이해하시
기 바랍니다.

　　　　　　기

　- 의제 1호 1932년도 함흥부 일반경제 세입출 결산보고서

　　　- 의제 2호 1933년도 함흥부 일반경제 세입출 추가경정예산

　　　이상

의장 : 다음은 關藤 부윤의 통지를 받은 본 회의 의사참여원의 건을
　　보고하겠습니다.

(서기 낭독)

　　　함부내 제2180호

　　　1933년 11월 17일

　　　　　함흥부윤

　　함흥부회 의장 앞

　　　　　제11회 부회 참여원 결정의 건

　제목의 건을 다음과 같이 결정하였으므로 통지합니다.

　　　(참여원 명단 생략-편자)

(중략-편자)

의장 : 그럼 지금부터 의사에 들어가기에 착서 편의상 제2호의안 1933년
　　도 함흥부 일반경제 세입출 추가경정 예산의 건을 상정하고 제1독
　　회를 시작하겠습니다.

부윤 : 본안에 대하여 참석자로부터 설명이 있겠습니다만 주요 내용
　　을 제가 설명 드리겠습니다. 아시는 바와 같이 성천강(城川江) 개보
　　수로 인해 수돗물 수원지가 하상(河床) 밖으로 되었기 때문에 관정
　　(管井)의 용수량에 영향을 미칠 것이 예상되어 그것을 보충하기 위
　　해 하상 안에 보조수원지 공사를 시행할 필요가 발생했기 때문에
　　공사비로 3만 220원을 추가하는 것으로서 이것은 도(道)에서 전액
　　을 보조받기로 되어 있습니다.

번외(畠中 서기) : 당부(當府)의 수도 수원은 성천강 지하수를 취수하

여 하루에 4,170입방미터의 취수량을 얻을 수 있는 설비를 갖추고 있습니다만 빈민구제사업 성천강개보수 공사에 의해 中島에 제방을 쌓은 결과 수원 용출량은 현저하게 줄어들게 되었습니다. 그 원인은 축제의 결과에 의한 것이기 때문에 이 공사를 시행하게 되었습니다. 도에서 보상을 받을 수 있다고 인정하여 교섭을 한 결과 용수량은 기술적으로 보아 반감할 것으로 보고 이 반감 용수량의 복원하는데 필요한 비용 3만 220원을 도에서 보상받기로 결정되었으므로 신하(新河) 도중(道中)에 철근콘크리트 우물 2개소를 만들어 1일 수량 2,200입방미터를 취수할 수 있는 설비를 하게 하려는 것으로 본 추가예산은 이 설비에 필요한 공사비입니다.

부윤 : 다른 것은 질문을 해주시면 답변하도록 하겠습니다.

14번(朴) : 3만 얼마라는 금액 산출의 근거는 무엇입니까? 이것은 기존의 우물을 폐쇄하는데 대한 보상입니까? 아니면 신설하는 비용입니까?

번외(畠中 서기) : 용수량이 절반으로 줄어든다고 보고 이것에 대한 공사비를 3만 200여 원으로 계산하였습니다.

14번(朴) : 면(面) 당시의 쓰지 않는 우물 1개소 외에 2개소를 신설하는 것입니까, 그리고 그 비용인 것입니까?

번외(畠中 서기) : 그렇습니다.

7번(韓昌達) : 이것은 이사자(理事者)의 명답으로 잘 알겠습니다만 2개소를 신설하는 것으로 부족하다고 생각되므로 보상금을 조금 더 받아 설비를 마련하는 것이 좋지 않겠습니까?

번외(畠中 서기) : 1939년을 목표로 계산한 것이므로 이 이상의 설비는 필요치 않다고 생각합니다. 보상은 반감되는 양에 대한 것으로 이 이상은 받을 수 없습니다. 용수(湧水)가 예상보다 많으면 1939년도에도 확장하지 않아도 됩니다.

8번(申) : 보상금은 올해 받는 것입니까? 또 공사를 하지 않아도 보상금은 받을 수 있는 것입니까?

부윤 : 올해 받는 것으로, 공사를 하지 않으면 받을 수 없습니다.

8번(申) : 함흥은 현재 처수(處水)에 여분이 있어 당분간은 문제가 없을 것으로 생각되니 어쨌든 받아놓고 필요할 때에 사용하기로 하는 것은 어떻습니까?

부윤 : 그것은 하기 어렵다고 생각합니다. 공사는 올해 시행되므로 실제 비용이 부족하게 되면 증액하고 남으면 반환하는 것이 조건입니다.

6번(永島) : 지금 있는 우물도 계속 사용하니까? 만일 위를 막아버리면 수질에 변화가 생길 염려는 없습니까?

번외(畠中 서기) : 장차 오물이 침전되어 (수질이) 나빠지지 않을까 생각합니다.

6번(永島) : 그렇다면 완전히 다른 곳을 파는 것을 고려해 볼 수는 없습니까?

번외(畠中 서기) : 제방 아래가 뭉쳐있지 않기 때문에 금방 나빠질 것으로 보이지는 않고 당분간은 괜찮을 것으로 생각합니다.

25번(田村) : 감수량은 어느 정도입니까?

번외(畠中 서기) : 확실한 수치를 말하기는 어렵습니다만 물이 줄어드는 상황으로 보아 개보수가 완료되면 약 반 정도로 줄어들 것으로 예상하고 있습니다.

25번(田村) : 이 공사로 절반이 늘어날 것으로 확신합니까?

번외(畠中 서기) : 확신하고 있습니다.

의장 : 다른 질문이 있습니까?

(없습니다 없습니다)

의장 : 더 이상 질문이 없으니 제2독회로 들어가겠습니다.

(이의 없습니다. 이의 없습니다.)

의장 : 제2독회에는 이의 없는 것 같으므로 제3독회를 시작하겠습니다. 본 안건에 이의가 없으면 원안을 가결 결정하고자 합니다.

(이의 없습니다. 이의 없습니다.)

의장 : 이의가 없는 것으로 보고 원안대로 가결하겠습니다.

다음은 제2 의안인 1932년도 세입출 결산 건입니다만, 부제(府制) 제77조의 규정에 의거하여 부회는 부윤으로부터 보고를 받기로 되어 있습니다.

부윤 : 주요 내용에 대하여 참석자로부터 설명을 듣도록 하겠습니다.

번외(濱野 屬) : 주요한 내용의 개략에 대한 설명에 앞서 부 세금 가운데 토지 평수할(坪數割)이 줄고 있는 것은 예정된 공사가 날씨와 그 밖의 이유로 늦어져 연말이 되어서야 완성된 탓에 연도 내에 조정, 징수가 불가능했던 것과 부과한 경우에도 체납자가 있었기 때문입니다. 또한 사용료 수수료의 감소가 상당히 증가했음에도 불구하고 체납자가 많았던 것이 원인으로, 2,640원은 1933년도로 이월되었으며, 급수설비료의 감소는 급수설비 신청년도 내에 6건에 불과했기 때문에 그 공사비 지출과 함께 감액된 것이며 이월금의 증가는 하수 개보수 공사비 계속비의 전년도 잉여금 1만여 원 있는 것과 일반 예산절약에 따른 것입니다.

다음으로 보조금 증가는 1931년도에 하수 개보수공사 보조금 1만 6,600원을 1932년도 들어 교부받았기 때문이며, 재산매각대금의 증액은 폐도(廢道) 부지와 부 소유지의 매각이 가격 문제와 재계 불황으로 매각할 수 없는 것이 상당히 있기 때문이며 부채(府債)의 증가는 전년도의 토목공사비 충당채를 본년도로 이월했기 때문입니다. 세출에 있어서 주요한 내용은 임시부(臨時部) 청사(廳舍)수선비의 증가는 수도계의 난방장치비를 필요로 했기 때문이며 시가지만 매립공사비의 감소는 결빙기에 들어 지장(支障) 물건의 이전과 공사 불능에 기인한 것이며 하수개보수 공사비의 증가는 이른바 공사가 계속비인 탓에 1931년도의 공사를 이월하여 시행했기 때문입니다. 살수비(撒水費)의 감소는 용수를 수돗물 사용으로 변경한 탓에 예정한 우물설비가 필요 없게 되었기 때문이며, 부채비(府債費)의 감소는 차입 예정시기보다 늦어진 탓에 이자의 지출이 적었기 때문입니다. 그 밖의 경상세출은 일반적으로 절약 감소를 꾀해왔기 때문입니다. 또 질문이 있으시면 답변해 드리겠습니다.

의장 : 차제에 검사요원으로부터 검사의 결과 보고가 있으니 서기가 낭독하겠습니다.

(서기낭독)

함흥부 사무 및 출납검사 보고서

1933년 7월 25일 함흥부 청사에서 1933년 2월 1일부터 동년 7월 24일까지의 기간에 함흥부가 집행한 회계출납사무에 대한 검사 결과를 다음과 같이 보고 드립니다.

1. 현금에 대하여

1933년 7월 24일자 금전출납부기재 현금 잔고는 일금 8,628원 64전이다.

그리고 부는 이것을 본 검사집행 당일의 본 검사집행 전에 주식회사 조선식산은행 함흥지점에 일금 8,625원 21전을, 또한 함흥금융조합에 일금 3원 13전을 각각 예금하였다.

따라서 1933년 7월 24일 현재 현금 잔고는 금전출납부 기재 금액과 일치한다.

2. 지출에 대하여

해당 기간 내의 지출은 모두 지불증빙과 부합하며 그 사무가 정연하다.

3. 수입에 대하여

1933년도 5월 말일 현재 제 세금 미수액은 일금 1만 4,074원 70전에 달하였다.

따라서 해당 미수금은 군영 도로포장공사에 기초한 수익세 2,125원 50전을 제외한 외에는 소액 금액이 체적(滯積)된 것으로 그 납세의무자의 다수는 사망 또는 소재불명인 자이다. 따라서 그 징수는 지극히 어렵다 해도 절대적으로 불가능하지 않다. 따라서 미수 수익세는 물론 가급적 신속하게 징수할 것을 권고한다.

같은 달 말일의 사용료 및 수수료의 미수 금액은 일금 4,649원 94전에 달하며 그 내역은 아래와 같다

도로사용료	49원 11
시장사용료	262원 50
독촉료	1,575원 73
급수료	2,640원 18
급수료독촉료	50원 09
설비료	72원 33

위의 독촉료 및 급수료 미수 이유는 앞서 말한 제 세금 미수 사유와 동일

이것도 역시 그 징수에 대하여 동일하게 권고함

4. 보관에 대하여

보통재산 및 기본재산의 보관사무 역시 적당하다.

5. 별도 적립금에 대하여

별도적립금은 각각 장부에 기재한 액수를 함흥금융조합에 정기예금으로 예치하였다.

단, 그 정기예금자 명의가 개인인 關藤唯平으로 되어 있는 점에 대하여 함흥부명으로 바꿀 것을 권고한다.

위와 같이 보고합니다.

1933년 7월 25일

井上茂

森田泰祐

權宅周

함흥부회 의장 關藤唯平 앞

의장 : 서면보고 이외에 감사에 대하여 위원으로부터 설명할 내용이 있습니까?

(위원 보충할 내용 없다고 함)

의장 : 이에 대하여 질문 있습니까?

15번(木村) : 영업세 부가세의 업태적 미수금액은 얼마인지 아십니까?

번외(武田 屬) : 조사해서 답변 드리겠습니다.

7번(韓昌達) : 제 세금이 미납되었을 때 징수방법은 무엇입니까?

번외(武田 屬) : 끝가지 납부되지 않을 경우 최후의 수단으로 체납처분을 집행하여 압수한 것을 공매하는 방법으로 징수합니다.

7번(韓昌達) : 과세물건 이외의 재산에 대해서도 공매합니까?

부윤 : 동일인의 것이라면 동산·부동산 불문하며 다른 재산에 대해서도 법령이 정한 바에 따라 집행합니다

8번(申) 가옥세 부가세가 감소한 이유와 호별세 감소 이유, 이것은 미
  납자 몇 세대입니까? 토지평수할 감소 이유에 의한 공사 지연 이유
  를 알고 싶습니다. 전해들은 바에 따르면 평수할은 과세가 무겁다
  고 하는데 어떻습니까?

25번(田村) : 수익세 감소는 징수방법이 잘못된 때문은 아닙니까?

부윤 : 감소한 세수의 대부분은 미납인 상태로 다음해로 이월되었기
  때문입니다. 결산금액이 항상 예산액에 비해 적은 것은 편성할 때
  그 수입의 몇 할을 예산으로 (책정)할 때에는 그 수치는 비슷하지만
  각각 그것을 전액에 가깝게 계상하기 때문이기도 합니다. 또 호별
  세의 부외 전출 분은 나중에 답변하도록 하겠습니다. 토지 평수비
  율에 대해서는 여러 가지로 진정(陳情)도 있습니다만 새로운 세금
  이기도 해 진정도 반드시 무리한 것은 아니라고 생각합니다만 그
  취지를 설명하고 징수에도 방안을 강구하고 있습니다.

번외(守山 기사) : 토지평수할을 부과하는 것은 시가정리공사이며 이
  월한 것은 8,000 원 정도의 공사입니다. 그것은 군영통(軍營通)의
  동결 때문으로 평수할은 공사 준공 후 1개월 이내에 부과하는 것으
  로 되어 있기 때문에 공사의 대부분은 완성하고도 부과하는 것은
  다음해로 넘긴 것입니다.

8번(申) 알겠습니다. 하지만 도로용지 매수가격은 평당 15원이었는데
  수익지의 세금이 평당 13원이라고 하니 부(府)뿐만 아니라 부회 의
  원에게도 진정이 들어오고 있습니다. 이것에 대하여 좀 더 취지를
  철저히 알렸으면 합니다.

부윤 : 희망하시는 내용은 잘 알겠습니다. 부가 용지를 싸게 샀다는
  것은 도로 신설 전에 그 당시의 시가로 구입했기 때문이며 신설 후
  에는 시가가 상당히 높아졌을 것으로 생각합니다.

14번(朴) : 이 조정은 가혹하다고 하는 얘기를 들었습니다만 평수할 조건시행 이래 의무자의 재정 상태에 따라 감액 또는 면제할 수는 없습니까?

부윤 : 아직까지는 없습니다만 조금도 이익이 없을 경우에는 면제하거나 또는 적당히 감액할 생각으로 다루고 있습니다.

11번(權) : 처음에는 불평을 했던 사람도 점차 이해하고 있는 듯합니다. 이 과세의 결손을 초래할 우려가 없을 전망입니까?

부윤 : 결손이 없을 것으로 전망합니다.

11번(權) : 토지가 저당 잡혀 있기 때문에 매각해도 세금을 충당할 수 없을 것이라는 예상도 있으니 평수할 은 연부(年賦)로 징수하는 방법은 없습니까?

번외(武田 屬) : 조례에 따르면 현재는 그렇게 할 수 없게 되어 있기 때문에 지정기간 내에 거두고 싶지만 세액도 많고 해서 자연스럽게 연장되고 있어서 징수를 위해서 적극적으로 노력하고 있습니다.

19번(中原) : 부세 미납액이 다음 해로 넘어가고 있는데 그 징수 실적은 어떻습니까? 또 차량세가 감소한 이유는 무엇입니까?

번외(武田 屬) : 차량세의 감소는 전출도 있고 멸실도 있어서 요컨대 차량 수가 감소에 따른 것입니다.

번외(宮地 서기) : 과년도 수입의 징수상황은 지세 부가세 288원 중 26원 영업세 부가세 720원 중 31원이 가옥세 부가세 1,580원 중 210원 호별세 3,763원 중 485원 잡종세 914원 중 505원입니다.

1번(森田) : 전년도 이월분 가운데 금년도에 들어와서 징수된 것이 있습니까?

번외(宮地 서기) : 상당한 수입이 있습니다.

부윤 : 작년년도 수입 가운데는 面에서 인계를 받아 이월된 지 3, 4년

이 지나도록 받지 못한 것도 있습니다만 어떻게 해서라도 받을 수 있을 것이라고 생각해서 이월한 것입니다만 오래된 것부터 차츰 정리하고 있는 중입니다. 당분간은 열심히 하도록 하고 있고 일단락 되고 나면 새로운 것에도 눈을 돌릴 수 있으니 실적도 좋아질 것으로 생각합니다. 앞으로는 여러분의 기대에 부응할 것으로 생각합니다.

번외(武田 屬) : 덧붙여서 말씀드립니다만 내년 3월까지는 거의 정리할 수 있도록 부청에서 노력하고 있습니다.

25번(田村) : 토지평수할에 대하여 8번 의원 11번 의원이 말씀하신대로 진정서도 제출되어 있습니다만 실제로 납부하지 않은 사람이 있기 때문에 징수방법을 개정할 수는 없습니다만 가령 본정(本町)에 면한 곳과 그렇지 않은 곳에 대하여 비율을 달리한다든지 1년을 4분기로 나눠서 거둔다든지 어쨌든 평수할은 평판이 좋지 못합니다.

5번(韓相周) : 저도 같은 생각입니다.

부윤 : 특별한 사정이 있는 경우는 별도로 여러 가지 경우를 고려하고 있습니다. 또 세액은 공사비의 몇 분의 몇으로 비율은 같습니다만 장소에 따라 토지 가격이 다르기 때문에 공사비도 달라집니다. 징수방법 변경은 불가능한 것은 아니니 연구해 보겠습니다만 본 세금은 단지 이곳뿐만 아니라 각지에도 있어 평판이 좋은 세금은 아니라는 것은 말씀하신 대로입니다. 다만 이 세금을 징수하지 않으면 호별세를 징수하지 않을 수 없게 됩니다. 더욱이 함흥은 하수도나 도로가 다른 부에 비해 뒤떨어져 있기 때문에 가능한 한 부과에 기대어 다른 부를 추수해 가려고 합니다. 이것은 저뿐만 아니라 여러분도 동감하실 것으로 생각합니다만.

8번(申) : 1년 이내라면 1회를 4회로 나눠도 결국 마찬가지이니 1년으로 한정하지 말고 2년이나 3년으로 하는 것은 어떻습니까?

부윤 : 이것은 재정에도 관계되는 중요한 사안이니 잘 연구해 보도록 하겠습니다.

24번(李) : 여러 의원들로부터 질문이 있었습니다만 대체로 불복 의견이 많은 것 같습니다. 담세자(擔稅者)는 대개 1등급에 속하는 사람들입니까, 2등급에 속하는 사람들입니까? 일반적으로 정치라고 하는 것은 여론이라고 말들 합니다만 한편으로 부가 일단 법규로 공포한 이상 부의 권위상 이것을 거부하는 것은 불가능하기 때문에 과오가 없다면 납득시켜서 납부하도록 했으면 합니다. 또 세율은 공사비의 몇 분의 몇으로 되어 있습니다만 기술상으로도 합당하게 고려해서 완화해 주시기를 바랍니다.

부윤 : 진정에 대해서는 조사를 해서 불가피한 것은 감면 또는 연기하는 생각하고 있습니다. 또 향후의 일은 조례를 개정해도 좋고 세율은 조례로 어느 정도 이내로 하고 있으므로 연구한 후에 그 이내로 가능하다면 하겠습니다.

24번(李) : 등급은 몇 등급입니까?

부윤 : 등급은 2등급으로 바깥쪽도로와 안쪽도로로 구분되어 있는데 본 세금은 등급과 같은 것에 대한 구체적 불복이 아니라 쉽게 말하면 전혀 불가능한 것 같습니다.

10번(米田) : 각 방면의 이야기를 종합해보자면 세금이 과중하다고 하는 것인데 절대로 내지 않겠다고 하는 것이 아니기 때문에 또 부로서도 취할 것은 취하지 않으면 안 되는데 田村 의원이 말한 것처럼 내기 좋게 하도록 연 4회에 걸쳐 받는 것이 좋을 것으로 생각합니다. 납세자의 의견은 한번에 내는 것이 곤란하다는 것입니다.

부윤 : 충분히 연구해 보겠습니다.

6번(永島) : 군영통(軍營通) 공사에 대한 부내 거주자 및 부외 거주자
의 납입비율은 어떻게 됩니까?

번외(武田 屬) : 다음 기회에 답변 드리겠습니다.

5번(한상주) : 임시부 하수공사비용이 증가한 이유를 알고 싶습니다.

부윤 : 전년도에 시행해야 할 공사가 계절 탓에 늦어져 본년도로 이월
되어 시행되었기 때문입니다.

5번(한상주) : 공사는 될 수 있으면 예정대로 시행하여 장차 가능한 지
체되지 않기를 바랍니다.

부윤 : 이곳은 빨리 얼기 때문에 기채나 그 외의 수속에 시일이 걸려
결국 공사착수가 자주 늦어지게 된 것을 지난해 이후 늦어지지 않
도록 조치하여 금년도에 이미 상당히 진행되고 있는 것을 보더라도
이사자(理事者)의 마음가짐을 알 수 있으리라 생각합니다.

8번(신) : 경상부 제2관 제3항 시장영업자의 개업 지연이라고 하는 이
유는 어떻습니까?

부윤 : 이것은 경매[糶]시장의 개시가 늦어진 것입니다.

8번(신) : 시장사용료가 많은 것은 부의 발전을 말하는 것으로 실로 바
람직합니다. 그리고 지출은 5천 몇 백 원인가로 시장의 증설은 필
요합니다. 상리(上里)의 시장에 대해서도 진정서가 나와 있을 것으
로 생각합니다만 그 결과는 어떻게 되었습니까?

부윤 : 그러한 일이 있어서 지방민이 희망하니 상당히 확장하기 위해
관유지라든가 기타의 토지를 양도받도록 도청에 청원했습니다.

의장 : 더 질문이 없습니까?

(질문 없음)

번외(武田 屬) : 앞서 6번 의원이 질문한 평수할 비율은 부내 60명
4,052원, 부외 15명 2,329 원입니다.

의장 : 질문이 없으므로 이상으로 부윤의 보고에 대한 결산 심의를 마
　치고자 합니다. 다른 의견 있습니까?

(이의 없음, 이의 없음)

의장 : 마치겠습니다.

이것으로 부윤이 제출한 의안을 모두 의결하며 의장이 제출한 의안도
　의결했으므로 오늘 회의는 마치도록 하겠습니다.

부윤 : 열심히 심의해주신데 대해 진심으로 깊은 감사의 말씀을 올리
　며 제11회 부회를 마치겠습니다. 수고하셨습니다.(오후 3시 20분)

(서명자 생략-편자)

5. 청진부회 회의록

1) 1932년 11월 4일 청진부회 회의록

항 목	내 용
문 서 제 목	清津府會會議錄
회 의 일	19321104
의 장	前田茂助(부윤)
출 석 의 원	大見悅之助(1), 潮崎長治(2), 吉井五郎七(3), 田中源右衛門(4), 紅粉一郎(5), 張志範(6), 山本元市(8), 加藤勝彦(9), 車運轍(10), 伊藤虎秀(12), 李應實(13), 趙東雲(15), 西金七郎(17), 崔壽成(19), 瀨戶茂一郎(23), 岩田彌尾造(24), 張乃文(25), 文夔善(27)
결 석 의 원	西原義一(11), 加茂野幸松(14), 笠原三右衛門(16), 赤木輝夫(20), 赤坂安藏(21), 林口乙松(22), 궐원 3명.
참 여 직 원	齊藤尙(내무계주임, 부속), 松原操(재무계주임 부속), 中村藤七(서무계 주임, 부속)
회 의 서 기	金學鎭(부속)
회 의 서 명 자 (검 수 자)	前田茂助(부윤), 李應實(13), 趙東雲(15)
의 안	의제14호 1932년도 청진부 세입세출 추가예산(제3회) 의제15호 부유지와 국유지 교환의 건 의제16호 1931년도 청진부 세입세출 결산보고
문 서 번 호 (I D)	CJA0002906
철 명	일반경제청진부예산서
건 명	소화7년도청진부세입세출추가예산의건(3회)-함경북도(청진부회의록)
면 수	7
회의록시작페이지	171
회의록끝페이지	177
설 명 문	국가기록원 소장 '일반경제청진부예산서'철의 '소화7년도청진부세입세출추가예산의건(3회)-함경북도(청진부회의록)'에 포함된 1932년 11월 4일 청진부회 회의록

해 제

본 회의록(총 7면)은 국가기록원 소장 '일반경제청진부예산서'철의 '소화7년도청진부세입세출추가예산의건(3회)-함경북도(청진부회의록)'에 포함된 1932년 11월 4일 청진부회 회의록이다.

1932년도 청진부 세입세출 추가예산을 심의하고 1931년도 청진부 세입세출 결산보고를 심의 통과하였다. 특히 부유지와 국유지 교환의 건이 제출되었는데 토목출장소에서 시행중인 항망시설과 철도선로 교체 등으로 부 소유의 해면매축지와 원산세관 청진지서 소관의 국유지의 교환한다는 것으로 심의 후 원안 통과되었다.

내 용

의안 :

의제14호 1932년도 청진부 세입세출 추가예산(제3회)

의제15호 부유지와 국유지 교환의 건

의제16호 1931년도 청진부 세입세출 결산보고

의장(부윤) : 오늘 의사일정은 제14, 제15, 제16호 의안의 전부를 심의합니다.

의장 : 제14호 1932년도 청진부 세입세출 추가예산안을 부의합니다. 본안은 세입세출 모두 내용이 매우 간단하므로 독회를 생략하고 1심의를 통해 확정하려고 생각합니다.

(찬성이라는 소리 들림)

의장 : 그러면 1심의를 통해 확정의로 하고 지금부터 참여원에게 설명

하도록 하겠습니다.

참여원(내무주임) : 송하(松下)공장, 철도병원 기타로부터 급수인입공사의 신청이 있었으므로 공사비 2,800원과 인부임금 900원을 추가하게 되므로 세입도 이에 따르게 됩니다.

5번(紅粉一郎) : 송하공장은 지금까지 어디의 수도를 사용했습니까?

참여원(내무주임) : 합동유지공장 내에 설비한 전용급수전에서 끌어와 사용했다고 생각하는데 자세한 점은 조사해 나중에 보고하겠습니다.

10번(車運轍) : 상세히 조사해 다음 회의에 보고하기 바랍니다.

5번(紅粉一郎) : 지난번의 추가예산에 수도비, 비품비에 천 원을 추가한 것은 어떻게 됐는가?

참여원(내무주임) : 개정수도급수조례에는 양수기를 대부하기로 되어 있기 때문에 양수 90개분 천 원을 추가했습니다.

5번(紅粉一郎) : 1931년도에 급수사용자에게 사게 한 양수기는 어떻게 할 작정입니까?

참여원(내무주임) : 개정수도급수조례에는 양수기를 대부한 다음 대부료로 천분의 15를 징수하는 것으로 되어 있기 때문에 사용자에게 사게 한 것은 요금은 받지 않습니다.

17번(西金七郎) : 이의 없음, 원안 찬성.

(찬성이라는 소리 들림)

의장 : 그러면 전원 찬성이므로 제14호 의안은 원안 가결 확정합니다.

의장 : 제15호 부유지와 국유지 교환의 건도 전안과 마찬가지로 1심의 확정으로 부의합니다.

부윤(前田茂助) : 토목출장소에서 시행중인 이곳 항만시설과 함께 철도선로 교체 등으로 인해 부유 제3기 해면매축지와 원산세관 청진지서 소관의 국유지의 교환을 희망하고 있는데 평수는 부에서 받는 부분이 3평 정도 적으나 이용가치에 있어서는 모두 다름이 없다고 인정합니다.

10번(車運轍) : 부가 제공할 항정(港町) 26번지는 단가 40원으로 되어 있는데 싸지 않습니까?

참여원(내무주임) : 26번지는 천마산 앞쪽의 해안쪽으로 토지의 상황으로 짐작해 시가 40원이 타당하다고 생각합니다.

5번(紅粉一郞) : 올해 7월 21일 부회회의록을 배부받았는데 31쪽에 신암동(新岩洞) 입구에서 시장 쪽으로 가는 도중 철원옥(鐵原屋) 측에 있는 암거(暗渠)에 대해 내가 발언한 것처럼 적혀 있는데 나는 전혀 그런 기억이 없습니다. 어떻게 된 것인가요?

부윤 : 그것은 서기가 필기할 때 6번 의원인 장(張) 씨가 발언하신 번호표를 잘못 보고 적은 것이므로 그렇게 파악하시기 바랍니다.

(전원 이의 없음)

의장 : 이의가 없는 것 같으므로 제15호 의안은 원안 가결 확정합니다.

의장 : 다음으로 1931년도 청진부 세입세출 결산을 보고합니다.

5번(紅粉一郞) : 지난번 실시한 부(府) 사무검사의 결과를 위원에서서 보고받고 싶습니다.

6번(張志範) : 검사위원 가운데 연장자인 林口 씨가 보고하도록 우리들의 검사결과를 정리해 전달했는데 공교롭게도 오늘 林口 씨가 결석했으므로 다음 번에 보고하겠습니다.

5번(紅粉一郞) : 결산을 심의하기 전에 검사보고를 하는 것이 순서라고 생각합니다.

23번(瀨戶茂一郞) : 지난번 사무검사는 1932년도분이었다고 생각합니다. 그러므로 보고를 하지 않더라도 1931년도 결산을 심의하는데 아무런 지장이 없습니다.

5번(紅粉一郎) : 그러면 다음번 회의에 보고하기 바랍니다.

23번(瀬戸茂一郎) : 세입을 일괄해 질문하겠습니다. 부세, 호별세, 수도
사용료, 공원사용료, 재산수입이 각기 줄어든 이유와 수도급수설비
료는 세입세출 상응해야 할 것으로 생각하는데 세출의 급수공사비
와 비교해보면 다액의 감수(減收)를 초래한 이유와 잡수입의 운용금
이자, 잡입이 지난 연도 수입에서 증가한 이유를 알고 싶습니다.

참여원(재무주임) : 부세, 호별세의 감수는 조정액은 예산액에 도달했
으나 일반 재계의 불황의 영향을 받아 징수에 매우 노력한 보람도
없이 감소한 것으로 주로 미납 이월했습니다. 수도사용료의 감수는
주로 공설 공영급수료에서 종래 1호(戶)에 월 60전씩 징수했으나 도
수(盜水) 또는 남용을 방지하기 위해 계량제에 따라 판매할 것을 급
수조합에 청부하고 요금을 저렴하게 한 결과입니다. 공원사용료의
감소는 천마산공원 일부를 국가에 반환한 것과 고림산공원의 사용
료는 미납 상태로 이월했기 때문입니다. 재산수입의 감소는 주로
부영주택의 대부료에서 1931년도에 빈집이 매우 많았기 때문에 감
소한 것입니다.

참여원(내무주임) : 수도급수설비료는 세입세출이 상응해야 할 것인데
공사재료의 잔품 이월과 한편으로 계량제 실시 장려 때문에 사설
공영 및 전용급수의 인입공사에 대해 반액을 면제한 결과입니다.
운용금 이자는 하수 및 노면정리공사비 가운데 도 지방비에서 차입
할 4만 5천 원을 일시에 차입해 정기예금을 했기 때문입니다. 또 잡
입의 증가는 당부(當府)의 지난해 부정사건에 따른 출납리(出納吏)
변상금 등입니다.

참여원(재무주임) : 작년도 수입 증가는 전년도의 수입이 완료되지 못

한 부세가 1931년도에 들어와 수입액이 많았기 때문입니다.

23번(瀬戶茂一郎) : 세출을 일괄해 질문하겠습니다. 사무비의 잡급, 격리병사비의 수선비가 증가한 이유와 오물소제비의 마필비와 권업비, 장려비, 공원비에서 상당히 다액의 잔금이 생긴 이유를 알고 싶습니다.

참여원(내무주임) : 사무비의 잡급에서 2,700여 원이 증가한 것은 작년 부리원 2명과 고(雇) 3명을 정리했기 때문에 퇴직급여금과 퇴직위로금을 규정에 따라 지급한 결과입니다. 격리병사의 수선비는 전염병 발생에 따라 수용환자가 많았기 때문에 경찰의 요구도 있어 병실의 구조변경 및 하수의 수선비 지출 등이 많았기 때문입니다. 권업비의 장려비 잔여금은 각종 출품 및 장려비 등에서 절약을 한 결과입니다. 사회사업비, 공원비의 잔여금은 소제수입비에서 절약을 한 결과입니다.

6번(張志範) : 재산에 의해 발생한 수입인 궁민구제기금 수입은 1930년도에 비해 감수가 된 이유를 알고 싶습니다.

참여원(내무주임) : 정기예금의 이율은 매년 일정하지 않습니다. 즉 이율 저하의 결과입니다.

의장 : 다른 질문 있습니까?

(전원 질문 없음)

의장 : 그러면 제16호 1931년도의 결산보고는 이로써 종료합니다. 제안 전부 논의를 마쳤습니다. 폐회합니다.

(하략-편자)

Ⅲ
읍·면회 회의록

1. 수원읍회 회의록

1) 1933년 10월 31일 수원읍회 회의록

항 목	내 용
문 서 제 목	水原邑會會議錄
회 의 일	19331031
의 장	梅原靜雄(읍장)
출 석 의 원	李完善(3), 近藤泰吉(4), 李吉泰(5), 車載潤(7), 森元俊之助(9), 金炳浩(12)
결 석 의 원	洪男先(1), 苧田甫(2), 尾崎秀八(6), 朴慶根(8), 香山弘(11)
참 여 직 원	李珍榮(부읍장), 石井岩十郎(서기), 前田里志(서기), 河野宗藏(서기)
회 의 서 기	
회 의 서 명 자 (검 수 자)	李完善(3), 金炳浩(12)
의 안	의안제10호 1933년도 수원읍 세입출 추가경정예산의 건 의안제11호 수원읍 기본재산 처분에 관한 건 의안제12호 1932년도 수원군 수원읍 세입세출결산의 건 의안제13호 1932년도 수원읍 농정자금특별회계 세입출결산의 건
문 서 번 호 (ID)	CJA0002925
철 명	읍세입출결산서
건 명	소화7년도농량자금특별회계세입출결산(회의록첨부)
면 수	5
회의록시작페이지	32
회의록끝페이지	36
설 명 문	국가기록원 소장 '읍세입출결산서'철의 '소화7년도농량자금특별회계세입출결산(회의록첨부)'에 포함된 1933년 10월 31일 수원읍회 회의록

해 제

본 회의록(총 5면)은 국가기록원 소장 '읍세입출결산서'철의 '소화7년
도농량자금특별회계세입출결산(회의록첨부)'에 포함된 1933년 10월 31일
수원읍회 회의록이다.

경성전기회사의 기부금에 대한 의원과 부 당국의 대립이 눈에 띈
다. 경성전기 공익사업에 사용하도록 기부한 5천 원은 시설이 급히 필
요한 격리병사 이전, 화장장 이전에 충당하자는 부의원의 의견에 대
해 관계 당국의 방침이라며 기본재산에 적립하겠다는 부의 입장을 굽
히지 않았다.

내 용

의안 :
의안제10호 1933년도 수원읍 세입출 추가경정예산의 건
의안제11호 수원읍 기본재산 처분에 관한 건
의안제12호 1932년도 수원군 수원읍 세입세출 결산의 건
의안제13호 1932년도 수원읍 농정자금 특별회계 세입출 결산의 건

의장 : 의안제10호 1933년도 수원읍 세입출 추가경정예산의 건에 관해
　　　심의를 부탁드립니다.
의장 : 의안의 낭독은 생략합니다.
의장 : 본안 가운데 중요한 사항에 관해 설명 드립니다.
　　　본안 가운데 이월금 5천 원 추가는 경성전기회사로부터 기부한 것
　　　입니다. 또 道의 보조금 175원의 추가는 온돌개량보조를 받은 것입

니다. 세출은 경성전기로부터의 기부금은 제10관 기본재산 조성의 축적금으로 계상하고, 온돌개량보조금은 온돌개량 아궁이 구입비 보조로 임시부 제5관에 추가했습니다. 이 경성전기로부터의 보조금은 읍의 적립금을 합산해 격리병사 이전 및 화장장 개축비로 사용하는 것이 최선의 사용처라는 의견이 있었으므로 이에 대한 본읍의 실정을 자세히 도지사에게 사용처 인가를 상신했습니다. 그러나 올해 9월에 격리병사 설비개선 및 화장장 증축에 관해서는 이미 적립금 설치 및 관리규칙을 통해 현재 축적 실시중이므로 이것이 완료될 때 그 목적은 달성될 것이고 본 기부금을 축적금에 추가해 개축기를 앞당겨 실시할 정도로 긴급한 것이라고는 인정할 수 없습니다. 기부자의 의견을 헤아려 원금은 소비하지 않고 기본재산에 편입하도록 하라는 관련 부처의 통첩도 있어 기본재산에 편입해야 할 것으로 제안하는 바입니다. 본 안건은 이미 도의 방침이 결정된 이상 기본재산으로 편입하는 외에 방도가 없다고 생각합니다. 그리고 격리병사 및 화장장의 개축 개선에 관해서는 별도로 고려하는 수밖에 방도가 없다고 생각합니다.

의장 : 본안은 독회를 생략하는 것이 어떻습니까?

(전원 찬성)

의장 : 전원 찬성이므로 독회를 생략합니다.

9번(森元俊之助) : 경성전기로부터의 기부금 5천 원은 시설이 급히 필요한 격리병사 이전, 화장장 이전에 충당하려고 했습니다만 기본재산에 적립하는 것으로 한다면 장래 이를 사용하는 것은 곤란하지 않겠습니까?

의장 : 격리병사 및 화장장 개선에 관해서는 이미 관리규칙을 설정해 계획하고 있으므로 급히 이것의 필요성을 인정하지 않는다는 통첩

이 있으므로 기본재산에 적립하는 것 외에 방도가 없습니다.

9번 : 그러나 경성전기로서도 공익사업에 사용하도록 기부한 것이기 때문에 어떻게 사용할 수 있는 방법이 없겠습니까?

의장 : 휴게를 선포합니다.(오후 2시 40분)

의장 : 재회를 선포합니다.(오후 3시)

의장 : 본건은 관계 당국의 방침이므로 기본재산에 적립하는 것으로 동의해주기 바랍니다.

의장 : 본안에 관해 이의 없습니까?

(전원 이의 없음)

의장 : 이의가 없으므로 본안은 원안대로 확정합니다.

의장 : 의안제11호 수원읍 기본재산 처분에 관한 건에 대해 심의해주기 바랍니다.

의장 : 본안의 낭독 및 독회를 생략하는 것이 어떻습니까?

(전원 찬성)

의장 : 낭독 및 독회를 생략합니다.

의장 : 본안은 台章面 勸善里에 있는 기본재산림의 매각입니다만 이 토지는 저지대 습지로 조림상 부적당하고 또 관리에 있어서도 불편하므로 이를 매각처분하고 적당한 임야를 매수하여 기본재산의 조성을 꾀하려 합니다.

4번(近藤泰吉) : 경쟁입찰 방법으로 매각한다는 조건을 붙여 찬성합니다.

의장 : 상각가격은 3백 원 이상으로 인정되므로 규정에 따라 경쟁입찰의 방법으로 매각하는 것입니다. 본안에 대해 표결합니다. 찬성하는 분은 거수해 주십시오.

(전원 거수)

의장 : 전원 찬성입니다. 본안은 원안대로 확정합니다.

의장 : 의안제12호 1932년도 수원군 수원읍 세입세출 결산의 건 및 의안제13호 1932년도 수원읍 농정자금 특별회계 세입출 결산의 건을 일괄해 부의합니다.

의장 : 본안은 낭독을 생략하면 어떻습니까?

(전원 이의 없음)

의장 : 이의가 없으므로 낭독을 생략합니다.

4번(近藤泰吉) : 휴게하면 어떻습니까?

의장 : 휴게를 선포(오후 3시 20분)

의장 : 재회를 선포(오후 3시 30분)

의장 : 본안에 대해 이의 없습니까?

(전원 이의 없음)

의장 : 이의가 없으므로 본안은 원안대로 확정의로 합니다.

의장 : 오늘 일정은 전부 종료했으므로 회의를 폐회합니다.(오후 3시 33분)

(하략)

2. 흥남읍회 회의록

1) 1936년 3월 10일 흥남읍회의록

항 목	내 용
문 서 제 목	興南邑會議錄
회 의 일	19360310
의 장	庄司昌(부읍장)
출 석 의 원	赤川正三(1), 大島帝善(2), 永里高雄(3), 大石武大(4), 白石宗城(6), 板元林兵衛(7), 新田貞二(8), 白井一行(9), 瀨尾大八(10), 西澤茂一郎(11), 速水原治(12), 崔鳳元(13), 文近烔(14)
결 석 의 원	古山治太郎(5)
참 여 직 원	深澤孝次郎(서기), 阿部右左保(서기), 市成秀彦(촉탁), 岡崎利夫(읍회서기), 淸藤初次(동)
회 의 書 記	
회 의 서 명 자 (검 수 자)	庄司昌(부읍장), 白井一行, 新田貞二
의 안	의제1호 1935년도 흥납읍 세입경정예산의 건 의제2호 1936년도 흥남읍 세입출예산의 건 의제3호 시장 확장공사비 기채의 건 의제4호 공익질옥 유통자금 기채의 건 의제5호 흥남읍 시장사용규칙 개정의 건 의제6호 흥남읍 환곡(糶)시장 사용규칙 제정의 건 의제7호 흥남읍 우피건조장 사용규칙 제정의 건 의제8호 흥남읍 호별세규칙 폐지의 건 의제9호 특별세 토지평수할을 부과할 노선 및 지역 결정의 건
문서번호(ID)	CJA0003170
철 명	읍면기채인가철
건 명	흥남읍시장확장공사비기채의건(회의록)
면 수	39
회의록시작페이지	1128
회의록끝페이지	1166

| 설 명 문 | 국가기록원 소장 '읍면기채인가'철의 '흥남읍시장확장공사비기채의건(회의록)'에 포함된 1936년 3월 10일 흥남읍회 회의록 |

해 제

본 회의록(총 39면)은 국가기록원 소장 '읍면기채인가'철의 '흥남읍시장확장공사비기채의건(회의록)'에 포함된 1936년 3월 10일 흥남읍회 의록이다.

1936년도 흥남읍 예산 가운데 공익질옥 부분을 주로 발췌한 것이다. 공익질옥의 실적이 좋아 하나 더 실치할 필요성이 있지만 경영상, 경비 절감상 1점주의를 채택하고 유통자금은 1만 원이 증가한 3만 원으로 늘리겠다는 것이다. 그리고 늘어나는 공익질옥의 유통자금은 기채를 발행하여 함경남도 또는 조선간이보증이 차입하게 될 것이라고 하였다.

이 회의록은 국가기록원 소장 CJA0003170 1246-1250의 회의록 발췌본과 일부 중복된다.

내 용

의안 :

의제1호 1935년도 흥남읍 세입경정예산의 건

의제2호 1936년도 흥남읍 세입출예산의 건

의제3호 시장확장공사비 기채의 건

의제4호 공익질옥 유통자금 기채의 건

의제5호 흥남읍 시장사용규칙 개정의 건

의제6호 흥남읍 환곡(糶)시장사용규칙 제정의 건

의제7호 흥남읍 우피건조장사용규칙 제정의 건

의제8호 흥남읍 호별세규칙 폐지의 건

의제9호 특별세 토지평수할을 부과할 노선 및 지역 결정의 건

부읍장 : 지금부터 개회합니다. 읍장이 여행으로 부재중이기 때문에 불초한 제가 대신 의장을 맡겠습니다.

(중략-편자)

부읍장(庄司) : 의안 심의에 앞서 1935년도의 주요한 읍사무 경과의 개요 및 본년도 예산편성의 대강에 관해 말씀드려 심의의 참고로 제공하고 싶습니다.

(중략-편자)

(11) 공익질옥 유통자금의 증액

이용자 성적이 왕성하여 이미 전년도 도중에 자금 2만 원이라는 금액을 대출한 이래 그 회수를 한도로 신규대부가 있었던 것처럼 실상에 있어서는 제2 질옥의 설치 필요성을 느끼고 있지만 이렇게 하면 경영상 또는 경비가 쓸데없이 많아지는 관계도 있어 장래에도 일점(一店)주의로 경영하는 것으로 하고 그 유통자금 1만 원을 증가한 3만 원으로 경영하려고 한다.

(중략-편자)

참여원(阿部서기) : 그러면 제가 1936년도 세입에 관해 주요한 증액이 있는 곳을 설명하겠습니다.

(중략-편자)

제4관 공익질옥 수입에 있어서 1,889원의 증수를 전망한 것은 대부

금의 증가에 의한 것입니다.

의장 : 다른 질문은 없습니다.

3번(永里高雄) : 이의 없음.

(전원 이의 없다고 외침)

의장 : 그러면 세출로 옮겨 경상부와 임시부를 함께 심의해주시기 바랍니다.

(중략·편자)

참여원(深澤서기) : 제가 1936년도예산 경상부의 세출에 관해 설명하겠습니다.

(중략·편자)

제11관 공익질옥에 있어서 전년도에 비해 1,355원 증가가 된 것은 제1항 이원급(吏員給)에서 이원의 승급 216원을 전망하고 또 한편으로 제2항 잡급에서 185원을 감액한 것은 여비 등에는 증감이 없지만 임시용인료 42원이 증가하고 이원 전임으로 고원(雇員) 1명을 줄였기 때문에 210원, 위로금에서 17원을 각각 줄여 합계 185원 감액이 되었습니다. 제3항 수용비에서 429원 증가했는데 이것은 사업의 신장에 따라 비품기류의 정비 때문입니다.

제4항 보험료에서 35원 및 제5항 결손보전비의 35원 증가에 의한 것입니다.

제6항 수선비 820원 증가는 유통자금의 증가에 동반해 창고가 좁아 수용하기 어려운 상황이어서 2층만을 개조하고 싶고 그밖에 작은 수선과 그 경비를 계상했습니다. 제7항 잡비 전년도에 비해 5원 증가한 것은 때때로 주위 배수청소 등의 인부가 필요했기 때문에 증액하였으므로 차인 증가한 것입니다.

(중략·편자)

이상으로 세출 경상부의 설명을 마치고 이어서 임시부로 옮깁니다.

(중략-편자)

제11관 공익질옥 유통자금 이는 전년도부터 5천 원을 증가했는데 세입 임시부에서 설명을 드린 바와 같습니다.

(중략-편자)

의장 : 질문 없습니까?

(전원 이의 없다고 외침)

의장 : 그러면 본안은 이의가 없다고 인정하여 원안대로 가결합니다.

(중략-편자)

참여원(深澤서기) : 제4호 의안 낭독.

이것은 공익질옥의 유통자금으로 충당하기 위해 기채한 바입니다. 차입처가 함경남도로 되어 있는데 어쩌면 조선간이보증에서 직접 차입하게 될 지도 모릅니다.

(중략-편자)

의장 : 질문 없습니까?

(전원 이의 없다고 외침)

의장 : 그러면 전원 이의가 없으므로 제3, 제4호 및 제9호 의안은 원안대로 가결합니다.

(중략-편자)

의장 : 각 의안 및 긴급동의 모구 심의가 종료됐습니다. 장시간에 걸쳐 열심히 심의해주셔서 정말로 감사합니다.

(하략-편자)

3. 회령읍회 회의록

1) 1932년 1월 22일 회령읍회 회의록

항 목	내 용
문 서 제 목	邑會會議錄
회 의 일	19320122
의 장	物部安馬(회령읍장)
출 석 의 원	岩村長市, 三田三樹三, 李始煌, 岩松龜藏, 朱壎, 伊藤林藏
결 석 의 원	金瑞仲, 根津礒太郎, 金成水, 裵貞基, 金昌國
참 여 직 원	趙泳煥(부읍장), 鄭麟德(서기), 姜南珪(서기)
회 의 서 기	
회 의 서 명 자 (검 수 자)	物部安馬(회령읍장), 三田三樹三, 朱壎
의 안	1.회령읍 호별세규칙 제정의 건 2.제3회 1931년도 회령읍 세입세출 추가경정예산 3.시장 개시일 변경의 건
문서번호(ID)	CJA0002851
철 명	함남함북각읍예산서철
건 명	읍에관한보고(회령면협의회회의록)
면 수	3
회의록시작페이지	843
회의록끝페이지	845
설 명 문	국가기록원 소장 '함남함북각읍예산서'철의 '읍에관한보고(회령 면협의회회의록)'에 포함된 1932년 1월 22일 회령읍회 회의록

해 제

본 회의록(총 3면)은 국가기록원 소장 '함남함북각읍예산서'철의 '읍에관한보고(회령면협의회회의록)'에 포함된 1932년 1월 22일 읍회 회의록이다.

이 회의는 22일 오후 1시부터 회령읍 사무소에서 개최하여 호별세 규약, 소시장 시장일 개정의 건, 청년훈련소 예산에 관한 건을 협의했는데 소시장 장날에 관해서는 종래 1, 5일의 양일이었는데 이것은 경성 방면 각 도시의 장날 관계에 따라 5, 10일의 양일로 하기로 하고 만장일치로 가결하였다. 이어서 관계 부처에 인가 신청을 한 청년훈련소 예산에 대해서는 편성을 한 다음 관계 부처에 제출중인데 그 1할이 삭제되었으므로 삭제된 분은 기부금에 의해 이것을 충당하기로 하였다.[18)]

내 용

1. 회령읍 호별세규칙 제정의 건
2. 제3회 1931년도 회령읍 세입세출 추가경정예산
3. 시장개시일 변경의 건

의장 : 지금부터 개회합니다. 지난번 읍회에서 이미 의결을 받아 곧바로 인가 신청을 하였으나 지난해 12월 24일자 준칙에 따라 규정하기 바란다는 내용의 통첩이 관계 부처로부터 왔으므로 수고스럽지만 오늘 다시 준칙에 따라 만든 제안에 동의해주시기 바랍니다. 또 참고를 위해 말씀드립니다. 준칙에는 산정표준을 매우 상세하게 기재했는데 지난번에는 준칙의 제2조부터 제7조까지를 삭제했습니다. 그 이유는 본읍으로서는 아직 현재의 정원으로는 사무가 번잡하기

---

18) 『京城日報』 1932.1.25, 3면 참조.

때문에 도저히 불가능하며 또 본읍의 재정 상태를 보더라도 불황 시기에 직원을 증원해 인건비를 계상하는 것은 할 수 없으므로 종래대로 실행한다면 균등하게 할 수 있을 것으로 사료한 관계 부처의 통첩을 바탕으로 준칙에 따라 작성한 것입니다. 이의 없습니까?

의원(三田三樹三) : 규칙 중 제5조 및 제6조 가운데 공제할 금액의 표준을 5백 원 이하로 기재한 것은 어느 정도를 참작해 정한 것입니까?

의장 : 그것은 본읍 부과표준액의 최저가 3백 원 이하로 되어 있기 때문에 백 원씩 증액하면 균등하게 할 수 있다고 생각해 제안에 기재한 것입니다. 그밖에 이의 없습니까?

(일동 이의 없음)

의장 : 그러면 원안대로 의결하고 제2호안으로 넘어갑니다. 국고보조금에서 350원의 보조신청을 제출했는데 아직 보조 사령을 받지 못했으나 21일자 신문을 보면 1할 삭감되어 딱 35원이 감액되었습니다. 또 제3항 기부금에서 제5항 청년훈련소 지정기부금 35원을 새로 계상한 것은 이미 20원은 기부를 받았는데 장래 연도내에 15원 정도 기부를 받을 전망이기 때문에 제안대로 추가경정을 한 것입니다. 이의 없습니까?

(일동 이의 없음)

의장 : 그러면 모두 원안대로 의결하고 서둘러 인가신청을 하겠습니다.

의장 : 이것으로 의안 전부를 마쳤으므로 폐회합니다.

(하략)

4. 웅기읍회 회의록

1) 1931년 6월 16일 웅기읍회 회의록

항 목	내 용
문 서 제 목	雄基邑會會議錄
회 의 일	19310616
의 장	山崎新太郞(웅기읍장)
출 석 의 원	鄭瀅澤(1번), 金光憲(2번), 目加田捨三(3번), 安敬舜(4번), 鈴木轍(5번), 山中宇三郞(6번), 金淳郁(7번), 崔德煥(8번), 本竝松友(9번), 田基鉉(10번), 李國鎬(12번), 金完燮(13번), 光永喜七(14번)
결 석 의 원	朴俊鶴(11번)
참 여 직 원	橋本榮二(서기), 宋洛奎(서기)
회 의 書 記	
회 의 서 명 자 (검 수 자)	山崎新太郞(웅기읍장), 鄭瀅澤(1번), 目加田捨三(3번)
의 안	제1호의안 웅기읍회 회의규정 제정의 건 제2호의안 웅기읍회의 방청인 단속규정 제정의 건 제3호의안 1931년도 웅기읍 호별세 각인 부과액 사정의 건 제4호의안 제2회 1931년도 경흥군 웅기읍 세입세출 추가예산의 건 제5호의안 읍장 전결 처분 사항의 건 제6호의안 읍회에서 행하는 선거 방법의 건 제7호의안 웅기읍 사무 및 출납검사위원 규정 제정의 건 제1호 보고 제1회 1931년도 경흥군 웅기읍 세입세출 추가예산의 건
문서번호(ID)	CJA0002851
철 명	함남함북각읍예산서철
건 명	읍에관한보고(협의회회의록)
면 수	10
회의록시작페이지	912
회의록끝페이지	921
설 명 문	국가기록원 소장 '함남함북각읍예산서'철의 '읍에관한보고(협의회회의록)'에 포함된 1931년 6월 16일 웅기읍회 회의록

해 제

본 회의록(총 10면)은 국가기록원 소장 '함남함북각읍예산서'철의 '읍에관한보고(협의회회의록)'에 포함된 1931년 6월 16일 웅기읍회 회의록이다.

이 회의는 6월 16일 오전 10시부터 정원 14명의 의원 가운데 여행 부재자 1명을 제외하고 전원이 출석하여 추첨에 의해 의석을 정한 뒤 의장 山崎新太郎이 인사하고 개회하였다. 제4호 의안을 제외하고 전부 원만히 가결한 뒤 山崎 읍장은 1931년도 추가예산의 전결 처분한 面營 棧橋공사 등의 보고를 하고 오후 4시에 회의를 종료하였다. 이 회의는 의장이 잘 통제를 하였고 우문우답도 나왔으나 모두 긴장해 열심히 하여 기분 좋은 회의였다고 전한다.[19]

내 용

의안 :

제1호의안 웅기읍회회의규정 제정의 건

제2호의안 웅기읍회의 방청인단속규정 제정의 건

제3호의안 1931년도 웅기읍 호별세 각인부과액 사정의 건

제4호의안 제2회 1931년도 경흥군 웅기읍 세입세출 추가예산의 건

제5호의안 읍장전결처분사항의 건

제6호의안 읍회에서 행하는 선거방법의 건

제7호의안 웅기읍 사무 및 출납검사위원규정 제정의 건

---

19) 『京城日報』 1931.6.21, 4면.

제1호보고 제1회 1931년도 경흥군 웅기읍 세입세출 추가예산의 건

(상략-편자)

의장 : 그러면 제2독회로 넘어갑니다.

(의원 전원찬성)

의장 : 원안에 대해 축조 설명.

(제1조 전원 원안찬성, 가결)

6번(山中宇三郎) : 제2조 가운데 '결석'을 '결석 또는 지각'으로 수정하는 것은 어떠합니까?

(의원 찬성자 다수)

의장 : 찬성자가 많은 것 같으므로 수정합니다.

14번(光永喜七) : 제3조는 출석부에 봉인하는 것으로 되어 있는데 출석의원의 이름은 회의록에 기재될 것이므로 도리어 번잡하게 될 우려가 있습니다. 삭제하는 것은 어떻습니까?

3번(目加田捨三) : 14번 의원의 설도 일리가 있으나 각 의원의 근태를 일목요연하게 하는 데에는 출석부가 있는 것이 편리하다고 생각합니다.

(2번, 1번 찬성, 찬성자 다수)

의장 : 찬성자가 많은 것 같으므로 원안으로 결정합니다.

(중략-편자)

제4호의안 제2회 1931년도 경흥군 웅기읍 세입세출 추가예산의 건 상정

읍장 : 본안 상정의 이유를 설명.

의장 : 지금부터 제4호의안에 관해 부의합니다.

(의장 의안 낭독)

14번(光永喜七) : 본안 격리병사 신축에 과내서는 위원회를 설치해 위
　　원회에서 재조사한 다음 결정하는 것은 어떻습니까?

읍장 : 본읍에는 위원회라는 것을 인정하지 않고 있으며 또 본공사는
　　금년도에 처음하는 계획이 아니라 1930년도의 나머지 공사를 실시
　　하는 것이기 때문에 재조사의 필요가 없다고 생각합니다.

2번(金光憲) : 본안은 지난번 협의회원이 이미 결정을 마쳤고 예산까
　　지 당해연도에 계상된 것이므로 지금에 와서 이를 반복해서 조사
　　등을 논의할 이치는 없습니다.

6번(山中宇三郞) : 2번 의원의 설에 반대의 뜻을 표하는 것은 아닙니
　　다만, 위치의 관계상 다소 논의가 있는 것으로 전해듣고 있습니다.
　　그러므로 읍 당국도 신중하게 고려할 필요가 있다고 생각합니다.
　　본안은 호별세 사정 때까지 연기하는 것은 어떻습니까?

9번(本竝松友) : 본건에 관해서는 읍당국도 종래 여러 번 연구조사를
　　수행한 것입니다. 6번 의원의 의견도 있기 때문에 오늘 마지막으로
　　돌리는 것은 어떻습니까?

13번(田基鉉) : 이미 여러 번 논의가 된 문제이므로 표결하는 것은 어
　　떻습니까?

2번 : 6번 의원 의견대로 호별세 사정 때까지 연기하여 결정하는 것이
　　좋다고 생각합니다.

의장 : 그러면 본안 심의 연기에 관해 찬부를 표결합니다.

(표결 결과 심의연기에 찬성하는 의원이 다수이므로 호별세 사정 때
까지 연기하는 것으로 결정)

의장 : 10분간 휴게를 선포(오후 2시 20분)

의장 : 재회를 선포(오후 2시 30분)

(출석의원 가운데 이석자 없음.)

제5호의안 읍장전결처분사항의 건 상정

읍장 : 본안 상정의 이유를 설명

의장 : 제5호의안에 관해 부의합니다.

의장 : 의안 낭독. 의안 전반에 걸쳐 심의를 요구하다.

(의원 전원 이의 없음)

의장 : 본안은 간단하므로 독회를 생략하고 가결하려 생각합니다.

(의원 전원 이의 없음)

2번, 6번 원안대로 이의 없음. 이밖에 찬성자 다수.

의장 : 본안 모두 이의가 없는 것 같으므로 원안대로 확정의로 합니다.

(중략-편자)

제7호의안 웅기읍 사무 및 출납검사위원규정 제정의 건 상정

읍장 : 본안 상정의 이유를 설명.

의장 : 제6호의안에 관해 부의합니다.

의장 : 의안 낭독, 의안의 전반에 걸쳐 심의

(의원 전원 이의 없다고 외침)

의장 : 그러면 제2독회로 넘어갑니다.

(의원 전원 찬성)

읍장 : 의안에 관해 축조 설명.

제1조부터 제8조 원안 가결.

14번 : 제9호 가운데 '검사사항'을 삭제하는 것은 어떻습니까?

(찬성자 다수)

의장 : 본조 가운데 수정의 찬부를 부결합니다.

(의원 전원 수정에 찬성)

의장 : 그러면 수정한 것으로 결정합니다.

제11조부터 제12조 원안 가결.

의장 : 이밖에 이의 없습니까?

(의원 전원 이의 없음)

의장 : 그러면 본안은 확정의로 합니다.

의장 : 웅기읍 사무실 및 출납검사 위원의 선거를 행합니다.

개표 결과 당선자는 다음과 같다.

당선 사무검사위원

　　　5표　光永喜七

　　　5표　金光憲

　　　차점자(3표)　目加田捨三

　　　차점자(3표)　田基鉉

당선 출납검사위원

　　　7표　崔德煥

　　　5표　鈴木轍

　　　차점자(3표)　本竝松友

　　　차점자(2표)　山中宇三郎

의장 : 이상과 같이 당선이 확정되었음을 당선자에게 고지함.

제1호보고 제1회 1931년도 경흥군 웅기읍 세입세출 추가예산의 건

읍장 : 별도 보고안을 부연 보고함.

(의원 전원 이의 없다고 외침)

읍장 : 보고사항은 이상으로 종료하였음을 선언.

의장 : 이것으로 오늘 의안 및 보고는 모두 종료했습니다.

(하략-편자)

5. 혜산읍회 회의록

1) 1936년 5월 30일 혜산읍회 회의록

항 목	내 용
문 서 제 목	惠山邑會會議錄
회 의 일	19360530
의 장	福田政雄(읍장)
출 석 의 원	金應淳, 李元模, 金錫禹, 金在赫, 岡本久雄, 李昌俊, 森利久, 文南壽, 丸田孟雄, 杉山義次郎
결 석 의 원	趙承奉
참 여 직 원	盧弘周(부읍장), 盧基宇(서기), 高橋繁(서기)
회 의 書 記	
회 의 서 명 자 (검 수 자)	福田政雄(읍장), 李元模, 森利久
의 안	의안제9호 상수도 설치의 건 의안제10호 1936년도 혜산읍 세입출 추가예산의 건 의안제11호 기채의 건 의안제12호 혜산읍 상수도 공사 종업원 급여규칙 제정의 건
문 서 번 호 (I D)	CJA0003174
철 명	읍면기채인가철
건 명	혜산읍상수도부설비기채의건(혜산邑會會議錄)
면 수	6
회의록시작페이지	806
회의록끝페이지	811
설 명 문	국가기록원 소장 '읍면기채인가'철의 '혜산읍상수도부설비기채의건(惠山邑會會議錄)'에 포함된 1936년 5월 30일 혜산읍회 회의록

해 제

본 회의록(총 6면)은 국가기록원 소장 '읍면기채인가'철의 '혜산읍상 수도부설비기채의건(혜산읍회회의록)'에 포함된 1936년 5월 30일 혜산 읍회 회의록이다.

이 회의는 1936년도 혜산읍 세입출 추가예산안 심의, 상수도의 설 치, 수도시설 공사, 종업원의 급료에 관한 논의가 집중적으로 이루어 졌다.

내 용

의안 :

의안제9호 상수도 설치의 건

의안제10호 1936년도 혜산읍 세입출 추가예산의 건

의안제11호 기채의 건

의안제12호 혜산읍 상수도공사 종업원급여규칙 제정의 건

(전략)

읍장 : 당 혜산진의 기후는 회령보다도 한기가 심하기 때문에 기술자 에게 열심히 노력하게 해서 희망대로 되기를 기대합니다.

5번(岡本久雄) : 수도설치 문제 및 이에 필요한 여러 경지에 관해서는 이의가 없습니다.

11번(杉山義次郎) : 원안대로 이의 없습니다.

3번(金錫禹) : 시가지에 수도부설공사를 시행함에 있어 시가지계획 미 수행 지역에 대해 공사상 지장이 없습니까?

읍장 : 수도 간설을 매설하기에는 현재의 시가지에서 아무런 지장이 없습니다.

의장 : 점심시간이 되었으므로 휴회합니다.(정오)

의장 : 재회합니다.(오후 1시) 제3독회에 들어갑니다.

3번(김석우) : 상수도 설치의 건은 찬성합니다.

9번(丸田孟雄) : 찬성합니다.

(전원 찬성)

의장 : 만장일치 찬성이므로 원안대로 결정합니다.

의장 : 이어서 제10의안 1936년도 혜산읍 세입출 추가예산의 건의 심의를 부탁합니다.

제1, 제2독회를 함께 하여 세입 쪽부터 심의를 부탁합니다. 설명하게 할까요?

11번 : 설명은 필요 없습니다. 상수도를 부설하는 것이 결정된 이상 이에 따른 예산의 필요는 당연합니다. 재원도 분명하므로 원안대로 이의 없습니다.

(전원 이의 없음)

의장 : 세입 제1, 제2독회를 마칩니다. 세출로 넘어갑니다.

11번 : 본 세출은 제9호의안 상수도 설치의 건에 관한 세출을 계상한 것으로 생각하므로 달리 이의 없습니다.

3번 : 제5관 수도신설공사비 2항의 공사비 기계기구공사비 2천 원으로 되어 있는 것은 공사용의 기구기계인 것입니까? 예를 들면 샤벨, 쓰루하시 등의 도구인데 이들 도구라면 공사가 끝난 뒤에는 이것을 어떻게 처분합니까?

읍장 : 그렇습니다. 샤벨, 쓰루하시는 물론이고 측량기계, 철관접합기구 등등 여러 종류가 있는데 공사가 끝난 뒤에라도 이들 기계도구

는 수도 경영중에는 필요하기 때문에 읍의 비품으로 보관합니다.

의장 : 다른 질문은 없습니까?

7번(森利久) : 올해는 어느 정도까지 진척될 예정입니까? 또 본 예산의 몇 할 정도까지 지출 예정입니까?

읍장 : 수원지공사의 대부분, 정수구장의 일부, 철관부설공사의 일부 정도까지 진행하려고 생각합니다. 예산은 위의 공사 외에 양수펌프 와 철관 등을 구입하면 나머지 금액은 주로 노임이므로 근소합니 다.

9번 : 공사는 직영으로 합니까? 청부로 합니까?

읍장 : 주로 부분적으로 청부공사로 합니다만 특종의 경우(철관접합 등)는 직영으로 합니다.

11번 : 본 예산을 살펴보니 사무비는 1936년도에 계상되어 있는데 내 년도로 공사가 이월되면 예산은 어떻게 합니까?

읍장 : 본 공사는 1936년도 지방진흥토목사업에 의해 계획된 것으로 원래는 금년도 안에 완성되지 않으면 안 되지만 사업의 특질상 금 년도 안에는 도저히 완성의 전망이 없기 때문에 내년도로 이월해 시행하기로 했습니다. 공사는 내년도로 이월되더라도 경비는 본 계 상경비에 의거하는 것입니다. 사무비는 1만 1,500원이라는 제한이 있으므로 공사의 진척 정도에 따라 사무비 지출도 함께 행해지만 증액은 가능하지 않습니다.

의장 : 다른 질문은 없습니까?

(전원 원안대로 찬성이라고 외침)

의장 : 그럼 제1, 제2독회 함께 심의가 끝났습니다. 지금부터 제3독회 에 들어가겠는데 세입세출에 관해 전원일치 찬성이므로 본안은 원 안대로 결정하려고 생각합니다.

(전원 찬성을 외침)

의장 : 그러면 원안대로 가결 확정되었습니다. 이어서 제11호의안 기
　　　채의 건으로 옮깁니다.

읍장 : 본 기채액은 11만 5천 원입니다만 이것이 총공사비입니다. 이
　　　공사비 총객 11만 5천 원의 4분의1인 2만 8,750원은 국비에서, 10분
　　　의 1인 1만 1,500원은 도비에서 보조를 받게 되어 있는데 공사시행
　　　기에 전액 보조를 받는 것은 아니고 상환자금으로써 15개년간 균등
　　　보조를 받는 것으로 되어 있습니다.

의장 : 본안은 제9호의안, 제10호의안이 결정된 이상 당연한 것이므로
　　　독회를 생략하고 바로 표결에 들어가려고 하는데 어떻습니까?

11번 : 이의가 없습니다. 찬성합니다.

(전원 찬성이라고 외침)

의장 : 기채의 건은 만장일치 원안대로 가결되었습니다. 이어서 제12
　　　호의안 혜산읍 상수도공사 종업원급여규칙 제정의 건을 심의해주
　　　시기 바랍니다. 제1, 제2 독회를 함께 해주기 바랍니다.

11번 : 제1호표 급료 주임촉탁은 적절하지만 촉탁, 工手의 월급 45원
　　　이상 120원, 40원 이상 100원이라고 되어 있는데 너무 차액이 과하
　　　지 않습니까?

읍장 : 촉탁 공수의 인선에 대해서는 아직 구체적으로 복안이 없습니
　　　다만 내지인을 사용할 경우에는 급료에 가봉이 붙기 때문에 이렇게
　　　격차가 있습니다.

의장 : 질문도 없는 것 같으므로 제3독회에 들어갑니다.

2번(李元模) : 본안 이의 없습니다.

(전원 찬성이라고 외침)

의장 : 제12호의안 전원일치 찬성이므로 본안대로 결정합니다. 이로써

의사를 마칩니다.

(하략-편자)

6. 나남면협의회 회의록

1) 1931년 3월 5일 나남면협의회 의사록

항 목	내 용
문 서 제 목	羅南面協議會議事錄
회 의 일	19310305
의 장	吉本三次郎(면장)
출 석 의 원	李春益(1번), 吉田宇之助(2번), 杉野政吉(3번), 靑木長三郞(4번), 浦田寅彦(5번), 浦辺淸一郞(6번), 野口庄次郞(7번), 渡部儉三(8번), 李在學(9번), 池庄司常尾(10번), 曾根猪之介(11번), 林道亨(12번)
결 석 의 원	
참 여 직 원	森尙治(부장), 李庚德(서기), 的野信太郞(서기), 田草川明(서기)
회 의 書 記	
회 의 서 명 자 (검 수 자)	吉本三次郎(면장), 李春益(1번), 靑木長三郞(4번)
의 안	자문안1.나남면 오물소제 수수료 징수규정 제정의 건 2.기본재산 적립 정지의 건 3.1931년도 세입세출예산의 건 4.1931년도 호별할 부과등급 사정의 건
문 서 번 호 (I D)	CJA0002851
철 명	함남함북각읍예산서철
건 명	소화6년도나남읍세입출예산에관한건-함경북도(나남면협의회 의사록)
면 수	15
회의록시작페이지	549
회의록끝페이지	563
설 명 문	국가기록원 소장 '함남함북각읍예산서'철의 '소화6년도나남읍 세입출예산에관한건-함경북도(나남면협의회의사록)'에 포함된 1931년 3월 5일 나남면협의회 의사록

해 제

본 회의록(총 15면)은 국가기록원 소장 '함남함북각읍예산서'철의 '소화6년도나남읍세입출예산에관한건-함경북도(나남면협의회의사록)'에 포함된 1931년 3월 5일 나남면협의회 의사록이다.

1931년도 나남면협의회는 3월 5일 오전 10시부터 9일까지 5일간에 걸쳐 면사무소 건물에서 개최되었다. 1931년도 예산액을 전년도와 거의 동액이나 신규사업의 하나인 오물운반을 내년도부터 직영하면 그 경비가 6,800원이라고 하였다.[20]

내 용

자문안 :

1. 나남면 오물소제수수료징수규정 제정의 건
2. 기본재산적립 정지의 건
3. 1931년도 세입세출예산의 건
4. 1931년도 호별할부과등급 사정의 건

의장 : 지금부터 개회합니다. 금년도 예산안 심의를 부탁드리기 전에 제1안부터 심의해주시기 바랍니다. 제1안은 예산과 관계가 있는 나남면 오물소제수수료 징수규정 제정입니다. 지금 번외가 설명 드리겠습니다.

번외 : 알고 계시듯이 4월 1일부터 제도개정에 따라 본건과 같은 공공

---

20) 『每日申報』 1931.3.7, 3면.

사업은 당연히 공공단체로 통일한다고 하는 취지로 금년도부터 면
경비를 가지고 경영해야 한다는 상사로부터 지시도 있었으므로 금
년도 예산에 계상해 실시하는 것으로 했습니다만 관공서, 회사 기
타에 대해서는 수수료를 징수하는 것으로 하고 본 규정을 설정한
바 입니다.(이하 규정 원안 낭독 설명하다)

의장 : 지금 번외가 읽은 규정안에 관해 충분히 심의해주시기 바랍니
다.

11번 : 이 규정 제1조를 보면 오물소제는 면에 청구한 자에 한해 소제
하는 것으로 되어 있는 것처럼 해석할 수 있는데 전반은 아닙니까?

번외 : 자구의 해석 여하에 따라서는 그렇게 생각이 들지도 모릅니다
만 소제는 전반에 걸쳐 실시하는 것입니다. 제1조의 조문은 면 거
주자는 누구라도 청구를 받아서 소제의 만전을 꾀할 예정입니다.

의장 : 11번의 말씀은 제1조의 자구 여하에 있는 것 같은데 어떻게 정
정하면 좋겠습니까?

7번 : 나는 이 규정은 원안대로 지장이 없다고 생각합니다.

12번 : 종래 早阪君이 위생비를 받아서 실시했습니다만 그것을 폐지하
고 면직영으로 해 일반으로부터 경비를 징수하려는 것입니까?

의장 : 그렇습니다.

6번 : 이 규정을 보면 11번 의원의 말씀도 일리가 있으므로 문면 상에
다소의 자구 정정을 하는 것은 어떻습니까? 즉, 면에 거주하는 자에
대해서는 청구 여하에 의하지 않고 일반에게 소제를 행해 새로이
거주하는 자는 면에 청구하게 하는 것은 어떻습니까?

의장 : 지금 6번 의원으로부터도 말씀이 있었으므로 조문에서 문구 정
정을 하는 것으로 하고 어떻든 제3독회에서 충분히 심의해주시기
청하며 수수료 기타 원안을 가결하는 것은 어떻습니까?

일동 : 이의 없음

7번 : 우리들 의원은 3월 31일까지이고 새로 선거된 결의기관이 된 의
　　원들이 다시 본 예산안을 결의하는 것은 아닙니까?

의장 : 그렇습니다.

7번 : 그렇다면 우리들의 심의는 의견으로 해두는 것은 어떻겠습니까?

의장 : 그러면 잠시 협의회에서 협의를 부탁합니다.(오후 1시 45분)

의장 : 지금부터 본회의를 시작합니다.(오후 2시 5분)

　　지난 시간부터 심의를 부탁드린 오물소제수수료 징수규정의 건은
　　어떻습니까?

11번 : 이 규정의 범위에는 육군 측도 들어가 있습니까?

번외 : 본 규정에는 전부 포함되어 있습니다.

11번 : 육군 측을 한다고 하면 이 예산으로는 실행할 수 없습니다.

번외 : 그것은 예산 심의 때 말씀드리겠습니다만 금년도에는 종래대
　　로 육군 측을 제외합니다.

10번 : 본안은 이 원안을 가결하고 진행하면 어떻겠습니까?

의장 : 여러분 어떻습니까?

(일동 이의 없다고 외침)

의장 : 그러면 본안은 이의가 없는 것 같으므로 결정합니다. 이어서
　　제2안의 기본재산적립 정지의 건입니다.

　　지금 번외가 설명하겠습니다.

번외 : 금년도 새로 오물소제비를 예산에 계상했기 때문에 모든 세출
　　상 가능한 한 절약했습니다만 여전히 부족하기 때문에 어쩔 수 없
　　이 이 적립금을 본년도에 한해 정지해야만 하므로 적립금관리규정
　　제3조에 의해 협의회에 자문하여 찬성을 받으면 금년도는 정지하려
　　고 생각합니다. 지금 동 규정을 읽겠습니다.(규정 낭독)

7번 : 이의 없음.

의장 : 여러분 어떻습니까?

일동 : 이의 없다고 외침.

의장 : 그러면 본건은 찬성을 받았기 때문에 금년도는 정지하는 것으로 결정합니다. 지금부터 1931년도 세입세출예산의 건입니다만 종래 세출의 部부터 심의를 받았는데 어떻습니까?

일동 : 이의 없음.

의장 : 그러면 지금부터 번외가 설명을 하면서 낭독하겠습니다. 의심나는 점은 질문에 응하기로 하겠습니다.

번외 : 세출 경상부부터 각 항목의 순을 따라 낭독 설명하다.

의장 : 이상 경상부는 끝났습니다만 임시부도 계속해 읽을까요?

일동 : 이의 없음.

의장 : 그러면 계속해서 읽겠습니다.

번외 : 계속 낭독 설명함.

의장 : 이로써 세출은 끝났으므로 10분간 휴게합니다.(오후 2시 40분)

의장 : 지금부터 개회합니다.(오후 2시 50분) 지금부터 제2독회로써 축조심의를 부탁합니다.

번외 : 세출 경상부 제1관 제1항 면장수당.

(이의 없음)

번외 : 제2항 면리원 급료.

7번 : 본항에 증급 348원을 계상했는데 이것으로 몇 명 정도 증급을 전망하고 있는가? 또 연공가봉(年功加俸)에서 작년부터 증액이 있는데 해마다 다른 것인가?

번외 : 금년도 안에 서기 전부 증급할 정망이어서 348원을 계상하고 또 연공가봉의 차이점은 올해 새로 지급받는 자가 있으므로 증액

계상한 것입니다.

7번 : 서기의 승급기한은 몇 년 정도인가?

번외 : 1년에서 1년 반 정도에 승급합니다.

(이의 없음)

번외 : 제3항 잡비

(이의 없음)

번외 : 제4항 여비

(이의 없음)

번외 : 제5항 비용변상

(이의 없음)

번외 : 제2관 제1항 사무소비 수용비

(이의 없음)

번외 : 제2항 건물비

(이의 없음)

번외 : 제3항 잡비

(이의 없음)

번외 : 제3관 제1항 토목비 도로교량비

3번 : 모든 수선은 가 부분을 적어도 완전하게 해주기 바란다. 또 위의 다리는 파손이 심하여 위험하기 때문에 서둘러 수리할 필요가 있다고 생각합니다.

번외 : 알았습니다. 일단 수선을 해두기로 하겠습니다.

4번 : 본정(本町) 역전의 교량은 실로 위험하여 통행이 불가능하기 때문에 서둘러 수선해주기 바랍니다.

번외 : 알았습니다.

(이의 없음)

번외 : 제2항 잡비

(이의 없음)

번외 : 제4관 제1항 시장비

(이의 없음)

번외 : 제2항 모범림비

(이의 없음)

번외 : 제3항 풀베기장려비

4번 : 제3항부터 제5항까지는 매년 같은 금액을 계상하여 필요가 없는
　　　것 같은데 삭제하는 것이 어떻습니까?

번외 : 이 항은 산업장려상 군으로부터도 지시가 있어서 계상한 것인
　　　데 이것은 이대로 존치를 부탁합니다.

(이의 없음)

번외 : 제4, 제5항 마찬가지입니다.

(이의 없음)

번외 : 제6항 잡비

(이의 없음)

번외 : 제5관 제1항 전염병예방비

(이의 없음)

번외 : 제2항 격리병사비

4번 : 격리병사비는 작년도에는 사용하지 않은 것으로 들었습니다만
　　　어떻습니까?

번외 : 작년도는 수용인원 5명이 있어서 대부분 비용을 사용했습니다.

(이의 없음)

번외 : 제3항 청결소독비

9번 : 본항 인부임에 252원을 계상했는데 금년도부터 오물소제를 직영

하므로 그 인부와 겸용하는 것은 어떻습니까?

번외 : 소독 실시는 4월부터 9월중 연속해서 매일 실시하므로 겸용은 불가능합니다.

(이의 없음)

번외 : 제4항 묘지비

4번 : 이 묘지매득비 132원으로 2, 640평을 매득하는 것으로 되어 있는데 그 토지에는 나무가 있습니까? 만일 나무들이 없다면 평당 5전은 조금 비싸다고 생각합니다.

번외 : 토지에는 나무가 없습니다만 개간하면 경작지가 될 토지이고 그리고 이미 면의 공동묘지 외의 이 토지에 100묘 정도 매장되어 있으므로 그쪽에서는 평당 8전을 주장하고 있는데 일단 5전 정도가 합당하다고 생각해 본항에 계상한 것입니다.

(이의 없음)

번외 : 제5항 화장장비

10번 : 화장부 급료는 현재 물가하락의 시기 약간 인하하는 것은 어떻습니까?

번외 : 교섭은 해보겠습니다만 특종의 직업이기 때문에 이 예산은 이대로 해두고 싶다고 생각합니다.

(이의 없음)

번외 : 제6항 공동변소비

9번 : 미길정(美吉町)의 구 공동변소를 복구해주기 바란다.

번외 : 현재 계획하고 있지는 않지만 고려해보겠습니다.

(이의 없음)

번외 : 제7항 도장비

11번 : 도장비의 소모품비는 작년과 동액인데 그 용도는 어떠한 것입니까?

번외 : 도살수의 증감에 따라 다르지만 이 예산은 작년도의 실제 사용
　　　수를 계상한 것입니다.

(이의 없음)

번외 : 제8항 상수도비

7번 : 상수도비에 기수급(技手給)을 3년 계속 계상하고 있는데 실제는
　　　사용하지 않는 것은 아닌가요?

번외 : 현재는 결원입니다만 언제 필요가 생길지 모릅니다. 그래서 매
　　　년 계상해두고 있습니다.

6번 : 이 수도의 계원이 3명으로 되어있는데 이는 어떤 규정에 의한
　　　인원인가?

번외 : 별도의 규정은 없습니다만 1924년에 도청에서 이관할 때부터
　　　계원으로 계속 인계를 받은 것입니다.

6번 : 계원, 즉 순시하는 자는 하루에 사고를 어느 정도 발견하나요?

번외 : 하루 평균 3~4건 정도 발견합니다.

11번 : 사단에 지불하는 수도료 1입방미터에 1전 4리로 되어있는데 사
　　　단과 교섭해 인하하는 것은 불가능한가?

번외 : 이것은 5개년 계약으로 기간 중에는 어떻게 할 수 없습니다만
　　　어떻든 내년은 계속기가 되기 때문에 궁리해보겠습니다. 사단 측도
　　　이 때문에 별도로 이익을 얻고 있는 것은 아니고 실비를 산출해 계
　　　약하고 있습니다. 또 면으로서도 이 수도로 5~6천 원의 수익을 보
　　　고 있어서 인하를 요구할 이유가 없습니다.

10번 : 이 수도 경영은 내지에서도 廣島라든가 名古屋 등도 육군 경영
　　　에서 점차 지방자치단체로 이관하고 있는 것 같은데 본면도 사단으
　　　로부터 이관받도록 교섭하는 것은 어떻습니까?

번외 : 말씀하신 건은 조만간 이관을 받을 지도 모릅니다. 사실은 사단의 主計와도 비공식적으로 때때로 이야기를 하고 있습니다. 그리고 현재 면민의 사용량은 언제나 계약량을 초과하고 있으므로 현재 이상으로 인원 증가의 경우에는 이 수도에 관해 무언가 방법을 강구해야 할 시기가 올 것이기 때문에 본면으로서는 지금부터 고려해두어야만 합니다.

(이의 없음)

번외 : 제9항 공원비

12번 : 이 공원 관리는 종래대로 청부로 합니까?

번외 : 해마다 松本 씨가 경비를 고려하지 않고 취미로 실시하고 있으므로 올해도 그렇게 할 예정입니다.

(이의 없음)

번외 : 제10항 검매비(檢黴費) 본 경비는 실제 소비할 비용으로는 부족한 것 같지만 단지 소모품만으로 하라는 상사의 지시로 150원을 계상했습니다.

11번 : 지금 번외의 설명에 따르면 이 경비는 부족하다고 하는데 실제는 어느 정도가 됩니까?

번외 : 정확한 숫자는 모릅니다만 조합의 이야기로는 반액에도 부족하다고 합니다.

(이의 없음)

번외 : 제10항 오물소제비 본항은 지난번 설명드린 대로 금년도부터 면 직영으로 해서 대체로 종래의 계수를 고려해 계상한 수치입니다.

8번 : 수집한 분뇨는 어떻게 처분하는가? 탱크와 같은 것을 설치하는 것입니까?

번외 : 저장지(貯藏池) 계획도 했습니다만 다액의 경비가 필요하고

1~2년은 도저히 불가능하기 때문에 종래대로 나남 근처의 수용가(需用家)에 매각합니다.

4번 : 이 사업을 면 직영으로 하면 6, 818원이 필요하고 분뇨 매각대금으로 수입 1천 원, 기타 수수료로 732원, 차인잔고 약 5천 원은 면비가 되는데 종래와 같이 소제수수료를 일반으로부터도 징수하는 것은 어떻습니까?

번외 : 면 직영으로 하는 이상 수수료를 징수하는 것은 절대로 금지되어 있습니다.

(이의 없음)

번외 : 제6관 제1항 소방비

3번 : 작년도의 출장인원은 몇 명 정도인가?

번외 : 조장 10명, 부조장 21명, 소두(小頭) 54명, 소방수 957명입니다.

12번 : 이 피복비 240원 전부를 개정합니까?

번외 : 이번에 조선 전부에 걸쳐 소방협회는 일정한 복장으로 고치는 것으로 되어 있으므로 전부를 개정할 예정으로 계상했습니다.

(이의 없음)

번외 : 제7관 제1항 기본재산조성

1번 : 미길정(美吉町)의 산은 식수하는데 몇 년 정도 걸립니까?

번외 : 이미 조림 완성되어 입습니다.

1번 : 미길정(美吉町) 방면의 주민은 땔감을 구하기 위해 상당히 도벌하고 있는 것 같으므로 주의를 바랍니다.

번외 : 그렇게 들었으므로 지난해 말 감리인을 두었습니다만 앞으로 주의하겠습니다.

(이의 없음)

번외 : 제2항 조림비

(이의 없음)

번외 : 제3항 급여자금적립금

(이의 없음)

번외 : 제8관 제1항 관리비

(이의 없음)

번외 : 제9관 제1항 정오보지비(正午報知費)

(이의 없음)

의장 : 세출 경상부는 끝마쳤으므로 계속해서 임시로 들어가는 것은 어떻습니까?

(이의 없음)

번외 : 제1관 제1항 납세선전비

(이의 없음)

번외 : 제2항 건물비

(이의 없음)

번외 : 제2관 토목비 제1항 도로교량비

3번 : 나는 지난번 이후 이 토목공사에 관해서는 의견을 말해두었습니다만 다만 하수공사 등은 그 시설 칸수는 적어도 종래보다는 지금 조금 완전한 것을 점차 완성하여 나남시가를 조금 기분이 좋게 하고 싶다고 생각합니다.

12번 : 이 하수공사 예정 장소를 문의합니다.

번외 : 초뢰교통(初瀨橋通)의 생구정(生駒町) 본통(本通) 및 수도 공용전 부근의 배수가 나쁜 지역을 실시할 예정입니다.

6번 : 본항에 관해서는 작년도 문제가 되어 위원을 선정해 이사와 함께 도 당국에 보조금의 하부(下附)를 진정했을 것인데 그 결과는 어떻습니까?

번외 : 해마다 요구하고 있는데 작년도는 보조가 없었습니다. 금년도
　　　는 천 원의 보조를 받도록 신청했습니다.

6번 : 도로 교량의 완비를 절규하는 것은 몇 년 되었는데 아직 실행을
　　　보지 못하고 있으므로 여기에서 이 말을 반복하지 않을 수 없는 것
　　　은 매우 유감으로 생각합니다. 특히 작년 예산회의 후 위원을 두어
　　　보조금의 하부를 청원했음에도 불구하고 조금의 하부금도 없었던
　　　것은 매우 유감입니다. 특히 국도인 생구정(生駒町)의 본통 등은 하
　　　수 불완비 때문에 호우 때마다 집안이 침수되고 강두(江頭)상점 부
　　　근은 실로 심한 참상을 드러냈습니다. 도청이 도로만 보수하고 하
　　　수를 돌보지 않았기 때문에 우리들은 도 당국에 부탁을 해 이 하수
　　　공사의 신속한 진행을 기할 생각입니다. 물론 본건에 관해서는 이
　　　사자도 충분히 이 점에 관심을 갖고 도 당국에 청원을 할 계획이고
　　　도의(道議)인 野口 씨 등의 진력도 청할 것으로 생각하는데 면의(面
　　　議)인 우리들도 함께 일치협력해 하루라도 빨리 완성을 기할 생각
　　　이다. 무릇 그 지방의 문화는 도로부터라든가 그 지역 토목사업의
　　　융성 여부를 보면 지방문화의 정도를 안다고 할 정도로 토목사업이
　　　중요함에도 불구하고 우리 나남은 도청의 슬하에 있어 함북 행정의
　　　중심이며 문화의 기점임에도 불구하고 국도선의 하수조차도 지금
　　　까지 완비하기에 이르지 못한 것은 도 당국에도 여러 가지 사정이
　　　있을 것이겠지만 이는 도 당국의 조치에 책임을 지울 것이 아니라
　　　우리들도 이 점에 관심을 갖는데 매우 불충실했다는 비방도 면할
　　　수 없다고 생각합니다. 전해들은 바에 따르면 올해는 다른 면에도
　　　상당한 보조금이 하부될 전망이 있다고 들었는데 과연 그렇게 되면
　　　우리 나남면도 상당한 보조를 받는 것은 물론 본도 간선의 하수공
　　　사 등은 신속히 기공을 부탁해 그 완벽을 기하고 싶다고 생각합니

다. 그러므로 이사를 비롯해 의원 여러분도 만장일치의 찬동을 주어 그 속진을 관계 부서에 청할 생각입니다.

의장 : 알았습니다. 어떻든 3독회 때에 만전을 기하도록 하겠습니다.

번외 : 제2항 호안공사비 이는 설명서에도 쓰여있듯이 용전천(龍田川) 호안(護岸)의 기초[根卷]공사입니다.

6번 : 용전천의 호안 기초공사비로 불과 3백 원을 예산하고 있는 것은 어쩔 수 없다고 생각하지만 무릇 하천이라는 것은 수미일관하여 비로소 그 효용을 이루는 것이라고 생각합니다. 아무리 상류의 용전천에 돈을 들여도 훌륭한 제방을 구축하여도 그 하류의 준설공사가 되지 않고 토사가 퇴적하여 있다면 도저히 하천의 목적을 달성하는 것은 불가능합니다. 내가 생각하기에는 용전천 제방공사에 돈을 들이는 것은 먼저 필요 최소한도에 그치고 나남천의 준설과 하류의 호안공사를 도 당국에 부탁하여 이를 서둘러 하게 하는 것이 초미의 급한 일이라고 생각합니다. 나남천의 호안공사가 1921년에 일부분의 호안공사를 마치고 이후 약 10년이 지난 지금에 이르러서도 아직 하류 방면은 호안 및 준설을 하지 않았기 때문에 일단 물이 불어날 경우에는 정거장 부근에서부터 아래쪽은 논밭 구분 없이 한꺼번에 침수하고 하천은 그때마다 변화하는 상태로 되어 있습니다. 만일 이 상태로 방치해 둔다면 중학교 부지에도 침수가 될 지도 모르고 또 학교로 통하는 나무다리도 유실되어 통학을 중지하게 될 지도 모른다고 우려하고 있습니다. 그러므로 하루라도 빨리 이 하천공사에 착수할 것을 희망하는 바입니다. 물론 이사자 및 당국도 이 점에는 유의하고 있을 것으로 생각합니다만 우리들 의원으로서 이 공사가 하루라도 빨리 착수될 것을 간절히 희망하고 있습니다. 가까운 청진에서는 수성천(輸城川) 개수공사에 관민이 일치해 그

속성(速成)을 요망하여 실현하게 된 것 같은데, 우리 나남에서도 당국에 청원해 하루라도 빨리 공사에 착수할 것을 부탁합니다. 나북천(羅北川)의 경우도 물이 불 때마다 범람하여 부근 일원에 침수하여 흙탕물이 되어 연병장도 전부 사용할 수 없는 상태가 되고 6천의 용맹한 병사들로 하여금 허송세월을 하게함과 아울러 강 양안의 세민(細民)을 괴롭게 하는 것이 심대하게 될 것이기 때문에 이 점도 역시 전항과 마찬가지로 속진(速進) 운동을 해야 하는 것은 의원인 우리들이 책무일 것으로 믿으므로 부디 찬동해주시기를 바라는 바입니다.

의장 : 말씀이 지당하므로 3독회에서 어떠한 방법을 강구하려고 생각합니다.

(이의 없음)

번외 : 제3관 제1항 상수도비

12번 : 생구정(生駒町)의 두 유치원의 유아가 여름철 등에는 그곳에 수도가 없어서 매우 불편을 느끼고 있는데 공용전을 설치하는 것은 불가능합니까?

번외 : 공용전의 시설은 현재로서는 할 수 없지만 장래에 고려하겠습니다.

(이의 없음)

번외 : 제4관 제1항 소방비

(이의 없음)

번외 : 제5관 기부 및 보조금

(이의 없음)

번외 : 제6관 차입금비

(이의 없음)

의장 : 이것으로 세출 전부의 제2독회를 마쳤는데 계속해서 세입으로 옮길까요? 또는 오늘도 벌써 오후 5시가 되므로 폐회할까요?

(일동 폐회, 폐회라고 외침)

의장 : 그러면 오늘은 이로써 폐회합니다.(오후 4시 40분)

(하략-편자)

2) 1931년 3월 6일 나남면협의회 의사록

항 목	내 용
문 서 제 목	羅南面協議會議事錄
회 의 일	19310306
의 장	吉本三次郎(면장)
출 석 의 원	李春益(1번), 杉野政吉(3번), 靑木長三郎(4번), 浦田寅彦(5번), 浦辺淸一郎(6번), 野口庄次郎(7번), 渡部儉三(8번), 李在學(9번), 池庄司常尾(10번), 曾根猪之介(11번), 林道亨(12번)
결 석 의 원	吉田宇之助(2번)
참 여 직 원	森尙治(부장), 李庚德(서기), 的野信太郎(서기), 田草川明(서기)
회 의 書 記	
회 의 서 명 자 (검 수 자)	吉本三次郎(면장), 浦田寅彦(5번), 野口庄次郎(7번)
의 안	자문안1.나남면 오물소제수수료 징수규정 제정의 건 2.기본재산 적립 정지의 건 3.1931년도 세입세출예산의 건 4.1931년도 호별할 부과등급 사정의 건
문 서 번 호 (I D)	CJA0002851
철 명	함남함북각읍예산서철
건 명	소화6년도나남읍세입출예산에관한건-함경북도(나남면협의회 의사록)
면 수	14
회의록시작페이지	564
회의록끝페이지	577
설 명 문	국가기록원 소장 '함남함북각읍예산서'철의 '소화6년도나남읍 세입출예산에관한건-함경북도(나남면협의회의사록)'에 포함된 1931년 3월 6일 나남면협의회 의사록

해 제

본 회의록(총 14면)은 국가기록원 소장 '함남함북각읍예산서'철의

'소화6년도나남읍세입출예산에관한건-함경북도(나남면협의회의사록)'
에 포함된 1931년 3월 6일 나남면협의회 의사록이다.

이날 회의에서는 전날에 이어 세입세출예산에 대한 심의가 이어졌
다. 특히 잡종할 가운데 예창기세(藝娼妓稅)에 대한 논의가 구체적으
로 이루어졌다.

내 용

의안 : 1931년도세입세출예산의건

의장 : 그러면 어제에 이어 세입 경상부(經常部)부터 제1독회로 개회
  합니다. 지금 번외가 설명하겠습니다.

6번 : 제1독회를 생략하고 제2독회의 형식을 진행하는 것은 어떻습니
  까?

의장 : 여러분 어떻습니까?

(일동 찬성이라고 외침)

의장 : 그러면 그렇게 진행하겠습니다.

번외 : 제1관 제1항 기본재산수입

(이의 없음)

번외 : 제2항 적립금이자

6번 : 이 적립금 이자는 특종의 예금이기 때문에 지금 조금 고리(高利)
  로 교섭하는 것은 어떻습니까?

번외 : 알았습니다.

(이의 없음)

번외 : 제2관 제1항 묘지사용료

(이의 없음)

번외 : 제2항 화장장사용료

4번 : 어제 10번 의원의 제안도 있었는데 이 화장료의 저감에 관해 교
섭하지 않겠습니까?

번외 : 아직 교섭은 하지 않았으나 이러한 특종 직업이므로 세출에서
말씀드렸듯이 부탁드리고 싶습니다.

(이의 없음)

번외 : 제3항 도장사용료

6번 : 개 도살수 5두(頭)로 계상되어 있는데 1년간 실제로는 어떻습니까?

번외 : 실제는 거의 없습니다.

(이의 없음)

번외 : 제4항 시장사용료

12번 : 여기의 24원 증액을 설명해주기 바랍니다.

번외 : 종래 지료(地料)는 별도로 했습니다만 올해는 합쳐서 청부에
붙였으므로 월액 2원 증가가 됩니다.

10번 : 시장은 점차 발전을 보여 현재로는 내지인의 희망자도 매우 많
아졌으므로 사용료를 고입찰로 하여 청부하게 하면 어떻겠습니까?

번외 : 말씀하신 것 타당하지만 사실 2~3년 전에 매우 부당한 고액의
입찰이 있어서 현재와 같이 하고 있는데 실제에 있어서는 현재의
청부액이더라도 수지가 맞지만 겨울철에는 수입 감소 때문에 2~3개
월의 체납도 있어 그 징수도 곤란할 뿐만 아니라 도중에 포기하는
등의 경우에는 정말로 난처하므로 최근에는 예정액을 입찰 전에 작
성하여 입찰하게 해 무리하지 않도록 하고 있습니다.

10번 : 그렇다면 보증금을 많이 적립해서 고(高)낙찰하게 하면 어떻습
니까?

번외 : 어떻게든 고려해 보겠습니다.

(이의 없음)

번외 : 제5항 상수도비

8번 : 수도사용료는 금년도는 감액되어 있는데 호별할은 3백호나 증가
하고 있어 인구증가에 반해 수입감소를 초래한 이유는 무엇입니까?

번외 : 이 수도사용료는 호수증가와 반드시 비례하지 않습니다. 급수
호수는 항상 변동이 있고 특히 최근 우물 굴착 등이 증가함에 따라
감소한 이유가 있습니다.

11번 : 사용료의 수납상황은 어떤가요?

번외 : 본면은 현재 매우 징수성적이 양호하며 2월말 현재 1만 3천 원
의 조정에 대해 징수미납 1,771원, 이 가운데에는 2월분은 거의 포
함되어 있습니다. 전체의 85%의 성적입니다. 또 호별할은 1만 2천
원에 대해 571원으로 95%의 징수성적입니다.

4번 : 수도설비비에서 전용전(專用栓) 20건의 증가가 보이는데 사용료
감소 이유는 어째서입니까?

번외 : 전용전 급수가 되더라도 종래 사람에게도 급수했기 때문에 요
금에 약간의 차이는 있습니다만 이 때문에 수입증가는 없습니다.

3번 : 어제 세출부에서 말씀드렸지만 다행히 기수급을 6백 원 계상하
고 있으므로 기수를 쓰는 것은 어떻습니까? 기수를 부장(副長)이 겸
무한다고 알고 있는데 면의 업무가 산적해 있으므로 이렇게 하면
부장의 다른 업무에 빈틈이 생길 것으로 생각합니다.

의장 : 어떻게든 고려해 뜻에 부합하도록 하겠습니다.

번외 : 제6항 증명 및 열람수수료

(이의 없음)

번외 : 제7항 독촉수수료

(이의 없음)

번외 : 제8항 등초본 및 열람수수료

(이의 없음)

번외 : 제9항 오물소제수수료 본항은 올해 처음이기 때문에 종래 실제
　　의 내용을 계상해 두었습니다.

(이의 없음)

번외 : 열쇠, 감찰 재교부수수료

(이의 없음)

번외 : 급수공사 설계수수료

(이의 없음)

번외 : 제3관 교부금 제1항 국세교부금

4번 : 이 국세교부금에 관해서는 작년에도 논의 되었는데 본면으로서
　　가장 다액인 청주세 교부금은 어떻게 되었습니까?

번외 : 작년 협의회 때 다행이 군(郡) 재무주임의 임석도 있었고 그 뒤
　　재차 교섭했습니다만 형편이 나쁜 것 같아 아직 징수하지 않고 있
　　습니다. 그러나 당면으로서는 세입에 관계있는 것이기 때문에 앞으
　　로 기회가 있을 때마다 충분히 교섭을 거듭해 실현되도록 하겠습니
　　다.

3번 : 지금 4번 의원의 제안은 매우 동감하며 징수가 용이한 것을 더
　　구나 비교적 다액의 세목은 군(郡)이 직접 징수하고 다른 징수 곤란
　　한 것만 면에게 징수하게 하는 것은 정말로 불합리한 이야기로 합
　　당하지 않은 것입니다 따라서 이사자(理事者)가 충분히 군 당국을
　　압박해 올해는 부디 재원증수에 노력해주기 바랍니다.

의장 : 알았습니다. 이사자의 입장에서도 최선의 방법에 따라 희망에
　　부합하도록 하겠습니다.

번외 : 제2항 지방비 보조금

(이의 없음)

번외 : 제3항 학교비 교부금

1번 : 학교비 교부금이 감소한 것 같은데 해마다 가옥은 증축되고 있는데 어째서입니까?

번외 : 이 학교비는 나남 인구에 기초를 두고 가옥소유자에게 부과하기 때문에 가옥 증가에 동반해 가옥소유자의 부담액은 감소하지만 학교비가 증가하는 것은 아닙니다.

(이의 없음)

번외 : 제4항 제5관은 상사의 지시에 따라 해마다 항목만 설정해 둡니다.

(이의 없음)

번외 : 제4관 잡수입 제1항 예금이자

(이의 없음)

번외 : 제2항 이월금 환입

(이의 없음)

번외 : 제3항 불용품 매각대

11번 : 이 불용품 매각대금 천 원은 만약 농사조합 등이 필요할 경우 나남 전부의 분뇨를 사고 싶은 경우에는 면은 공개입찰을 하는가? 또는 예산 내에서 매각하는 것인가?

번외 : 올해 처음 하는 것이기 때문에 종래의 예에 따라 수자를 산출한 것이므로 말씀하신 경우는 2명 이상 있다면 공개입찰로 하지만 물론 예산 내로 매각할 수 없습니다.

12번 : 이 천 원이라는 숫자는 분뇨량이 어느 정도인가?

번외 : 우차(牛車) 6대, 하루 12대로 계산한 흡수량인데 겨울철에는 매

각할 수 없습니다.

(이의 없음)

번외 : 제5관 부과금 제1항 지세할

(이의 없음)

번외 : 제2항 영업세할

(이의 없음)

번외 : 제3항 특별영업할

(이의 없음)

번외 : 제4항 호별할

(이의 없음)

번외 : 제5항 잡종할

3번 : 예창기(藝娼妓) 잡종할은 다년간 현안이었는데 그 뒤 이사자가 고려했습니까?

번외 : 말씀대로 다년간의 현안으로 면으로서도 부디 올해는 어떻게 든 감면할 예정이었는데 알고 계시듯이 오물소제라는 신사업 때문에 6800여 원의 세출이 필요해졌으므로 세출은 가능한 한 줄였습니다. 그러나 여전히 부족하여 상사의 지시로는 부족한 경우는 부과금 증수에 의지하는 것으로 되어 있습니다만 현재 나남으로서는 부과금의 증징은 도저히 불가능하고 또 한편으로 감세를 하고 한편으로 증세를 하는 불합리한 일은 할 수 없으므로 정말로 유감이지만 올해는 전년과 같이 계상한 바입니다.

6번 : 나는 이 잡종할에 관해서는 현명한 이사자의 제안에 반대 의견을 갖고 있습니다. 첫째로 예창기세입니다만 이 세금은 철폐해야 한다고 생각합니다. 왜냐하면 이미 그 과세할 근본인 창기 그 자체를 폐지해야 한다는 것은 실로 오랫동안의 여론이며, 공창(公娼)을 국가의 정업(正業)으로 인정하는 것이 불합리하다는 것은 굳이 내가 떠들 필요도 없습니다. 1894년 군마현(群馬縣)이 공창을 폐지한 이래 1923년 2월에 전천대길랑(田川大吉郎), 횡산승태랑(橫山勝太郎) 씨 등 대의새代議士, 중의원 의원]에 의해 처음으로 제국의회에 제안되어 이후 매기 의회에서 문제가 되었고 지금도 저명한 인사가 이것의 청원자이고 동의자인 것으로 알고 있습니다. 올해 의회에서도 삼택(三宅) 대의사가 제안하여 현재 위원부탁(委員附託)으로 되어 있는 것 같습니다. 또 지방에서 그러한 소리가 해마다 점점 높아지고 있어 이것의 폐지 결의를 한 현이 福井, 秋田, 福島, 新潟, 長野, 神奈川, 沖繩의 7개 현이라고 합니다.

한편 이를 우리 지방에서 생각해 보더라도 작년 도지사는 경찰의 단속규칙이던가 명칭은 자세히 기억하고 있지 못하지만, 요는 예창기의 대우 개선에 관한 규칙인가 훈시인지 그 명칭은 분명하지 않은데 그러한 것을 내놓아 그들로 하여금 하루라도 빨리 어려운 처지에서 구출하고 싶다는 생각을 갖고 가게주인[樓主]의 부담을 무겁게 하는 반면 그들에 대해 가장 유리한 취급을 하도록 했다는 것을 신문지상을 통해 알았습니다. 원래 우리들 법치국민은 민법의 규정에 의해 공서양질(公序良秩)에 반하지 않는 한 계약은 자유롭게 해야 하므로 이 때문에 아무런 속박을 받아서는 안 된다, 그런데 지사는 경찰권이라는 위대한 힘을 갖고 가게주인 대 창기의 계약에 구속을 가한다는 것은 그 진의가 어디에 있는가? 이점을 우리들은 깊이 숙고하고 또 음미해야 한다고 생각합니다. 요는 가련한 그들은 가정 혹은 부형(父兄)의 희생자이며 인간으로서 가장 소중한 정조를 매물로 삼는 것을 묵시하는 것은 사회의 대세상 묵시할 수 없기 때문에 당국도 깊이 이 점을 염두에 두고 어느 정도라도 그들로 하여금 부담을 경감하게 하고 또 하루라도 빨리 그들을 인육(人肉) 시장으로부터 해방하여 주고 싶다는 실로 깊고 두터운 온정의 발로라는 것을 살피기에 충분합니다. 이와 같이 시대는 이미 그들이 환경에 상당한 변화를 주고 있는데도 불구하고 면은 여전히 동물이나 식품에게 부과하는 잡종할이라는 것을 그들에게 부과하는 것이 매우 불합리하다. 특히 본세를 예창기에게 부과하기에 이른 것은 낡은 시대 그들을 일종의 특종영업자이므로 이에 중과(重課)하면 자연히 그 업종이 폐지될 것이라는 잘못된 생각에서 부과한 것이라고도 생각됩니다. 그리고 오늘날 시대에서는 이상 서술한 것 같이 이미 근본인 공창 그 자체가 폐지되려고 하고 있으므로 그 지엽인 과세 같은 것은 굳이 문제가 아닐 것이라고 생각하며 부디 나는 본세를 이상의 이유로 철폐하기를 바랍니다. 그렇지만 올해 예산이 대강을 보면 본세의 철폐에 의해 예산을 근저에서부터 뒤엎어야 하는 것 또한 살펴보지 않으면 안 되기 때문에 그 점은 여러분의 동의에 따라 본회의의 진척을 방해하지 않는 정도에서 다소 변경을 하는 것은 지장이 없다고 생각하는데 가능하다면 현재의 관세의 반 정도에 그치게 하고 싶다고 생각합니다.

의장 : 다른 분들은 의견이 없습니까?

3번 : 나도 6번 의원과 동감으로 다년간 현안이기도 해서 면 이사자가 세밀하게 이러한 연구를 했을 것으로 생각합니다만 면장 및 부장의 직무는 정말로 다기에 걸쳐 있고 항상 매우 다망하다고 생각합니다. 그런데 우리들 의원과 함께 지금 조금 연구하고 싶습니다. 잠시 협의회를 하면 어떻겠습니까?

5번 : 예창기할에 관해서는 매년 논의에서 그들이라 하더라도 가정의 사정이나 주의의 어느 사정으로 그러한 경우에 이르게 한 것이기 때문에 6번 의원의 설과 같이 반감에 동감합니다.

10번 : 이 문제는 작년에도 있어 작년에는 어느 의원이 세제정리위원을 설치해 연구하게 하면 어떠한가라는 주장도 있었던 것 같은데 실제로 오늘날의 시세에 부과하는 것은 부당하다고 생각합니다. 재원 관계도 있을 것이지만 전주세(電柱稅)와 같은 것이라도 징수해 전폐하지는 않더라도 올해는 반감 정도를 하면 어떻습니까?

7번 : 나도 본건에 관해서는 동감이며 즉시 전폐는 곤란할 것이므로 수도기수급을 반감하고 기타 세출로부터 염출해 적어도 반감하는 것은 어떠한가 생각합니다.

의장 : 대부분의 의견이 감면 등에 있는 것 같으므로 가능한 한 예산을 안배해 희망에 부합하도록 궁리를 하도록 하고 본항은 일시 보류해두고 앞으로 나아가는 것은 어떻습니까?

(이때 의원의 다양한 의견 발언이 있어 소란스러워졌다)

의장 : 잠시 협의회로 옮깁니다.(오후 2시 45분)

의장 : 지금부터 본회의를 다시 시작해 이 잡종할을 보류하는 것으로 결정하고 세입의 임시부로 옮깁니다.

(이의 없음)

번외 : 세입 임시부 제1관 전년도 이월금

(이의 없음)

번외 : 제2관 제1항 지방비 보조금

11번 : 나남의 지방비 부담액과 보조금의 비율을 조사한 것은 있습니까?

번외 : 별도로 조사한 적은 없습니다만 사업의 성질에 따라 보조를 받으므로 지방비의 다과에 따라 보조에 관계하는 것은 아닙니다. 금년도는 가능한 다액을 받도록 교섭하겠습니다.

7번 : 국도선(國道線)의 하수(下水)는 실로 불완전해서 면이 아무리 애
　　태워도 불가능하므로 올해는 부디 위원이라도 있어서 당국에 여쭈
　　어 토목, 지방과장과 직접 교섭해 생구정통(生駒町通)은 급히 완전
　　하게 설비되도록 운동을 해주기 바랍니다.

의장 : 그러면 하수라고 하지 않고 토목 전반에 걸쳐 속진(速進) 방법
　　을 여러분과 협력해 만전을 기하도록 하고 다음 항목으로 이동하는
　　것은 어떻습니까?

(이의 없음)

번외 : 제3관 제1항 부과금

(이의 없음)

번외 : 제2항 사용료

(이의 없음)

번외 : 제3항 독촉수수료

(이의 없음)

번외 : 제4관 제1항 급수설비비

(이의 없음)

번외 : 제2항 수선공사비

(이의 없음)

번외 : 제5관 기부금

(이의 없음)

의장 : 이로써 세입 전부의 제2독회를 마쳤으므로 약 10분간 휴게합니
　　다.(오후 3시 10분)

의장 : 그러면 지금부터 재회합니다. 보류한 잡종할에 관해 아직 의견
　　이 있습니까?

12번 : 예창기할에 관해서는 여러분의 분위기가 일치하고 있는 것 같

은데 나는 반대입니다. 지난번 10번 의원의 주장으로는 이 예산의 인부임을 줄여서라도 반감을 희망한다고 하였는데 그것은 정말로 부당하다고 생각합니다. 현재 총독부 등에 있어서도 세민(細民)구제를 위해 여러 사업을 벌이는 때에 80~90전의 인부임을 줄일 때까지 가만히 있고 월액 2백 원 이상이 수입이 있는 그들의 세금을 줄인다는 것은 완전히 현재의 시세에 부합하지 않는 논의라고 생각합니다. 어쩌면 이 잡종할도 감면할 시대일 지도 모르지만 종래 부과에 견디어 왔는데 굳이 올해 같이 감축한 예산에서 삭감하는 것은 절대로 반대라고 표명합니다.

10번 : 지금 12번 의원의 주장도 타당하며 세민구제의 취지에까지 반대해 감세하는 것은 아니고 일반의 분위기는 이미 감면 쪽으로 기울고 있으므로 세출 전반상에 안배해 금년도는 반액 정도의 감세를 하는 것은 어떻습니까?

의장 : 11번[21] 의원의 주장대로 세출 전반에 안배하는 것으로 하고 5백 원 정도의 감액을 하는 것으로 하면 어떻겠습니까?

8번 : 많은 의견이 있는 것 같으므로 위원을 두는 것은 어떻습니까?

4번 : 별도로 위원을 설치할 필요는 없다고 생각합니다. 의견의 중용을 취해 표결하고 금액을 정해 세출의 일부에서 할애하면 용이하다고 생각합니다.

의장 : 그러면 가부 표결에 따르기로 합니다.

　　　감세불가　　1명

　　　감세찬성자　10명

의장 : 그러면 감세찬성자가 10명이므로 감액하는 것으로 하고 이어서

---

21) 10번의 잘못으로 보임.

위원의 건은 어떻게 합니까?

3번 : 浦邊, 野口, 靑木 세 명에게 위원을 의뢰하고 번외를 추가해 연
구하기를 부탁합니다.

의장 : 어떻습니까?

(일동 이의 없다고 외침)

의장 : 그러면 지금 세 명에게 위원을 부탁드리기로 결정합니다.

의장 : 약 10분간 휴게합니다.(오후 4시 10분)

의장 : 그러면 지금부터 재회합니다.

4번 : 잡종할의 자전거도 철폐를 희망합니다. 또 자전거의 수에 있어
서도 해당 업자의 주장의 의하면 매우 적은 것 같은데 단속할 필요
는 없습니까? 또 자동차의 경우도 승용차와 화물용이 동액인 것은
연수입상 보더라도 부당하다고 생각하므로 등급을 붙여 부과하기
를 희망합니다.

번외 : 지금 화물자동차 감세의 건은 접수하겠습니다. 또 자전거는 군
에서 엄격히 단속 책임을 갖고 대장을 갖춰두고 있는데 면으로서도
앞으로 충분히 적발하도록 노력하겠습니다.

4번 : 또 축견할(畜犬割)도 매우 적으므로 조선인의 식용견만 부과하
지 않고 내지인의 번견(番犬)에만 부과하는 것은 조금 어떤가 생각
합니다.

번외 : 식용견은 내선 모두 면세로 하고 있습니다. 말씀대로 이 단속
에는 정말로 곤란한데 가능한 탈세자가 없도록 주의하겠습니다.

의장 : 이 축견세에 관해서는 장래를 위해 잘 연구하겠습니다.

(일동 이의 없음)

의장 : 지금부터 제3독회로 세출 경사부는 이의 없습니까?

(이의 없음)

의장 : 세출 임시부는 어떻습니까?

(이의 없음)

의장 : 그러면 세입의 경상부 및 임시부에서 잡종할을 제외하고 전부
결정해주시기 바랍니다.

(일동 이의 없음, 찬성이라고 외침)

의장 : 그러면 이로써 1931년도의 세입세출 예산심의를 종료했습니다.
오늘은 이미 5시가 되었으므로 폐회합니다.

(하략-편자)

3) 1931년 3월 7일 나남면협의회 의사록

항 목	내 용
문 서 제 목	羅南面協議會議事錄
회 의 일	19310307
의 장	吉本三次郎(면장)
출 석 의 원	李春益(1번), 杉野政吉(3번), 靑木長三郎(4번), 浦田寅彦(5번), 浦辺淸一郎(6번), 野口庄次郎(7번), 渡部儉三(8번), 李在學(9번), 池庄司常尾(10번), 曾根猪之介(11번), 林道亨(12번)
결 석 의 원	吉田宇之助(2번)
참 여 직 원	森尙治(부장), 李庚德(서기), 的野信太郎(서기), 田草川明(서기)
회 의 書 記	
회 의 서 명 자 (검 수 자)	吉本三次郎(면장), 李在學(9번), 曾根猪之介(11번)
의 안	자문안1.나남면 오물소제수수료 징수규정 제정의 건 2.기본재산 적립 정지의 건 3.1931년도 세입세출예산의 건 4.1931년도 호별할 부과등급 사정의 건
문 서 번 호 (I D)	CJA0002851
철 명	함남함북각읍예산서철
건 명	소화6년도나남읍세입출예산에관한건-함경북도(나남면협의회의사록)
면 수	5
회의록시작페이지	578
회의록끝페이지	582
설 명 문	국가기록원 소장 '함남함북각읍예산서'철의 '소화6년도나남읍세입출예산에관한건-함경북도(나남면협의회의사록)'에 포함된 1931년 3월 7일 나남면협의회 의사록

해 제

본 회의록(총 5면)은 국가기록원 소장 '함남함북각읍예산서'철의 '소

화6년도나남읍세입출예산에관한건- 함경북도(나남면협의회의사록)'에
포함된 1931년 3월 7일 나남면협의회 의사록이다.

이전 회의부터 논란이 되어온 예산의 잡종할 가운데 예창기할을
반액으로 하는 것으로 결정하였다. 그리고 조선인과 일본인을 나누어
호별할을 사정해 결정한 것이 주 내용이다.

내 용

의안 : 예산안 중 잡종할

의장 : 지금부터 개회합니다. 어제 보류가 되었던 잡종할에 관해 위원
　　　분들은 별석에서 연구를 부탁드리고 다른 분들은 예년대로 내선 별
　　　석으로 나뉘어 호별할을 사정하는 것으로 하면 어떻겠습니까?
(일동 이의 없음)
의장 : 그러면 지금부터 각각 자리를 바꾸어 주시기 바랍니다.
　　　　　　　이상 위원회 및 사정회로 옮김(오후 1시 35분)
의장 : 지금부터 10분간 휴게합니다.
의장 : 지금부터 재개합니다. 위원회가 종료된 것 같으므로 위원 쪽부
　　　터 보고해주시기 바랍니다.
7번 : 연장인 관계로 제가 보고합니다. 여러 가지로 연구한 결과 대체
　　　로 세출부에서 염출하여 예창기할 전부를 반감하는 것으로 하고 마
　　　이코(舞子, 수행중인 예기)만 그대로 두기로 결정했습니다. 그 숫자
　　　에 관해서는 번외가 말씀드리겠습니다.
번외 : 세출 경상부의 제5관 위생부에서 508원을 염출하는데 그 내역
　　　은 제8항의 상수도비에서 기수급 50원을 30원으로 하여 268원을, 제

11항 오물소제의 소제감독 급료를 1인 평균 55원을 45원으로 정정하여 240원을 염출한다. 또 제11관의 예비비 1,422원을 1,048원으로 정정하여 374원을 만들어 합계 885원으로 세입의 제5관 제5항 잡종할에서 4,292원을 3,410[22])으로 감액한 바입니다. 따라서 별표 잡종할 종목표의 예창기 월액 2원을 1원으로, 창기 1원을 50전으로 정정한 것입니다. 각각 정정해주시기 바랍니다.

의장 : 지금 위원의 보고가 있었듯이 결정하여도 지장이 없겠습니까?

(일동 이의 없다고 외침)

의장 : 그러면 지금 숫자대로 각각 정정해주기 바라며 결정합니다. 또 지금부터 계속해 호별 사정(査定)을 부탁드립니다. (이하 사정회로 이동)

의장 : 사정회가 종료되었으므로 내선 각각의 위원으로부터 보고를 받아 일괄해 결정해주기 바랍니다.

(일동 이의 없음)

의장 : 그러면 지금부터 내선 각 위원으로부터 보고를 청하는 것으로 하고 선인(鮮人) 측부터 부탁드립니다.

(李 서기가 선인 측 위원을 대리해 다음과 같이 사정안을 낭독)(내역 생략-편자)

번외 : 내지인 지방의 부를 낭독)(내역 생략-편자)

의장 : 이상 이의가 없으면 결정하려고 합니다.

(일동 이의 없음)

번외 : 관공서의 부는 예년 실수입으로 관사를 제공받는 자는 1등을 더해 계상했습니다.

---

22) '원' 누락.

의장 : 어떻습니까?

7번 : 이것은 실수입을 조사한 것이므로 이의 없음.

의장 : 여러분 어떻습니까?

(이의 없음)

번외 : 지금 잡종할 부과액 정정의 결과 규정의 일부 정정이 필요하므로 동 규정 가운데 예기 2원을 1원으로, 창기 1원을 50전으로 개정하려고 합니다. 부디 승인해주시기 바랍니다.

의장 : 어떻습니까?

(이의 없음)

의장 : 어제 보류한 오물소제수수료 징수규정이 제1조를 적당히 수정하는 것으로 하고 결정합니다. 어떻습니까?

(일동 이의 없음)

번외 : 이것은 규정이므로 어쩌면 조문을 상사(上司)가 정정하는 것도 있을지 모릅니다. 그러므로 일단 이해해주기 바랍니다.

의장 : 어제 말씀하신 토목비에 관해 도청에 문의할 위원은 어떻게 할까요?

3번 : 野口, 浦邊, 靑木의 3명으로 하면 어떻습니까?

의장 : 여러분 어떻습니까?

(일동 찬성이라고 외침)

의장 : 그러면 세 분에게 수고를 부탁합니다.

이것으로 본년도의 세입세출 총예산 및 호별할 사정도 결정되었습니다.

연일 열심히 심의를 하시느라 고생했습니다. 이로써 본 협의회를 폐회합니다.

(하략-편자)

방광석

홍익대학교 교양과 교수

릿쿄(立教)대학 문학박사. 주요 논저로 『근대 일본의 국가체제 확립과정』
(혜안, 2008), 『한국 근대국가 수립과 한일관계』(공저, 경인문화사, 2010),
『관습조사(1)-일제의 관습조사와 토지법제 인식』(공편역, 동북아역사재단,
2021), 『관습조사(2)-일제의 조선 관습조사와 식민지 법제 추진』(공편역, 동
북아역사재단, 2022) 등이 있다.